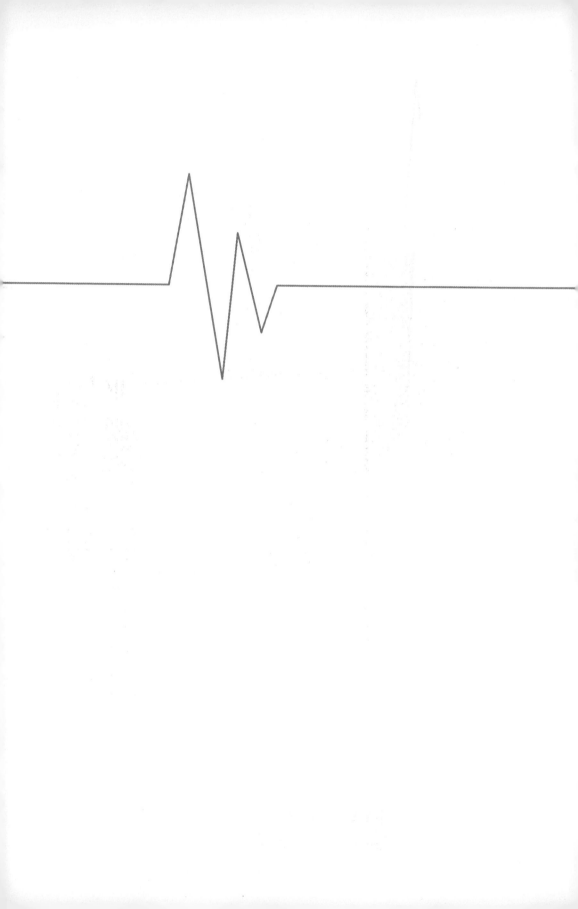

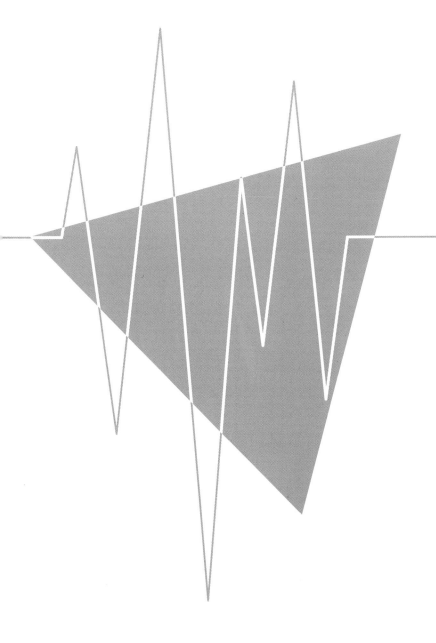

唐玮 / 著

投资者情绪对企业创新投资的影响研究

中国财经出版传媒集团

经济科学出版社

Economic Science Press

图书在版编目（CIP）数据

投资者情绪对企业创新投资的影响研究/唐玮著 . —北京：
经济科学出版社，2017.6
ISBN 978 - 7 - 5141 - 8117 - 3

Ⅰ.①投… Ⅱ.①唐… Ⅲ.①投资 - 经济心理学 - 心理学
分析②企业 - 投资 - 研究 - 中国 Ⅳ.①F830.59②F279.23

中国版本图书馆 CIP 数据核字（2017）第 126504 号

责任编辑：周国强
责任校对：杨 海
责任印制：邱 天

投资者情绪对企业创新投资的影响研究

唐 玮 著

经济科学出版社出版、发行 新华书店经销

社址：北京市海淀区阜成路甲 28 号 邮编：100142

总编部电话：010 - 88191217 发行部电话：010 - 88191522

网址：www. esp. com. cn

电子邮件：esp@ esp. com. cn

天猫网店：经济科学出版社旗舰店

网址：http://jjkxcbs. tmall. com

北京密兴印刷有限公司印装

710×1000 16 开 13.25 印张 210000 字

2017 年 6 月第 1 版 2017 年 6 月第 1 次印刷

ISBN 978 - 7 - 5141 - 8117 - 3 定价：58.00 元

（图书出现印装问题，本社负责调换。电话：010 - 88191510）

（版权所有 侵权必究 举报电话：010 - 88191586

电子邮箱：dbts@ esp. com. cn）

安徽高校自然科学研究重点项目阶段性成果（项目批准号：KJ2017A431）

前　　言

本书基于行为金融学的研究视角，立足于中国特殊的制度背景与资本市场现实，依循"行为—结果"的研究路径循序渐进地系统性阐释投资者情绪对于公司创新投资的影响及经济后果。本书从"投资者—管理者—创新投资决策"的行为路径出发，通过渐进式放松"理性人假设"，首先在管理者理性的影响路径分析框架下考察投资者情绪对于公司创新投资的影响。其次，彻底摒弃"完全理性人假说"，在管理者非理性的影响路径分析框架下，剖析投资者与管理者均非理性对于公司创新投资的影响，以期更加接近真实的资本市场环境；并引入政府控制的制度设计、机构投资者持股的控制权结构、公司特征等重要影响因素，进一步分析在中国转轨制度环境下这种影响的差异性。最后，依循结果路径，从企业价值角度深入分析投资者情绪对公司创新投资存在影响的经济后果，并分析政府控制的制度背景对其存在的干预与调节作用。

全书共分为7章。第1章导论，提出本书的研究背景与选题意义，并在对主要概念进行界定的基础上，介绍本书的研究思路、内容与方法，总结研究结论与可能的创新之处。第2章理论回顾与文献述评，阐述投资者情绪影响公司创新投资的理论基础，梳理并评价投资者情绪、管理者过度自信与企业创新投资领域的已有研究，并结合中国资本市场特殊的制度环境提出本书的研究视角。第3章理论剖析与研究假设，分别从管理者理性与管理者非理性的研究视角，从影响机理与经济后果两个方面，并嵌入中国资本市场中政府控制的制度背景、机构持股的股权结构与公司特征等因素，提出本书的研究假说。第4、5、6章对第3章提出的研究假说进行实证检验与结果分析；最后，在第7章中总结结论，并提出本书的研究启示、局限性以及未来的研究方向。

通过理论剖析与实证检验，本书得出如下主要研究结论：

第一，在管理者理性研究框架下，创新产出、投资者情绪与企业创新投入显著正相关。投资者情绪波动幅度越大，创新产出对创新投入水平的敏感性越高；进一步区分政府控制的制度背景与高新技术属性的检验发现，投资者情绪的这种调节效应在实际控制人为非政府的上市公司、具有更高融资约束程度的高新技术公司更为显著。

第二，在管理者非理性研究框架下，投资者情绪对公司创新投入存在显著正向影响，"管理者过度自信"是投资者情绪影响企业创新投入的不完全中介渠道。相对于开发式创新，投资者情绪对于公司探索式创新投入的影响更为显著；进一步的实证检验发现，投资者情绪、管理者过度自信对于企业创新投入的影响在非政府控制的上市公司、机构持股水平较高的上市公司更为显著。

第三，创新投入与企业价值存在显著正向影响。相对于政府控制的上市公司，非政府控制上市公司的创新投入对于企业价值的提升力相对较强。"投资者情绪"是政府控制的制度背景得以发挥调节效应的重要中介渠道。

本书的主要创新之处存在如下方面：

第一，研究问题的前沿性。公司财务与心理行为的交叉与碰撞已成为如今一大前沿热点问题。特别的，从行为金融学视角研究企业创新投资的相关研究十分有限，关于投资者情绪，以及基于管理者的非理性视角，将投资者与管理者的非理性行为纳入同一研究框架的研究更是相对匮乏，尤其缺乏针对转轨型经济国家的证据检验。本书的研究深化了行为金融理论在公司创新投资领域的交叉研究，提供了制度背景基于投资者情绪对创新投资与企业价值影响的经验证据。

第二，研究内容的创新。本书通过构建个股层面的投资者情绪指数，全面、现实地考虑主要影响企业投资决策的行为人的行为特征，综合制度背景、企业特征多个维度，依托于多元化的理论研究，从管理者理性与非理性影响渠道的视角，基于管理者决策动机、管理者心理因素全面系统的分析考察投资者情绪对于企业创新投资的影响机理及其经济后果，弥补了传统行为金融理论的不足，有助于公司财务理论研究的丰富与拓展；并且通过嵌入制度设计等因素，深入洞悉制度环境是如何影响与干预心理因素介入企业的微观创新活动的作用过程，有助于充分理解政府控制的制度背景在中国资本市场所具有的经济后果，对于公司治理与企业创新具有重要的参考价值。

第三，研究视角的创新。其一，本书基于行为金融学视角，同时以公司财务、会计理论、企业管理理论为依据，在学科交叉的基础上，内容围绕微观企业的创新投资活动，通过刻画行为主体的心理因素在市场经济运行中的作用，洞悉企业创新投资决策的选择机制，横向拓宽了已有关于企业创新投资行为的研究视角。其二，本书依据创新投资的不同风险类型，将其细化为探索式创新投资与开发式创新投资，纵向拓宽了已有关于投资者情绪影响企业创新投资行为的研究视角。

目 录
CONTENTS

i

第1章 导　论

2013 年，诺贝尔经济学奖同时授予了对金融市场运行持完全相悖观点的两位经济学家："理性"理论的代表者尤金·法玛（Eugene Fama）与"非理性"的行为金融理论的代表者罗伯特·希勒（Robert Shiller），这标志着理论界关于金融市场诸多"异象"及资本市场交易策略的有效性并未达成共识，"理性"与"非理性"之争仍将继续！……

新兴的资本市场环境与长期以个人投资者为主体的投资群体使得中国的金融市场呈现更多非理性特征，以行为金融学视角来研究中国的资本市场与公司财务问题将更加真实与完美地刻画这一影响过程与背后的作用机理。

以尤金·法玛提出的有效市场假说（efficient markets hypothesis）为奠基石之一所建构的传统公司财务理论认为，市场上的投资者足够理性，他们能够对公司的资本配置行为进行无偏估计，股票价格可以准确地反映公司的基本价值与投资机会，公司的资本投资行为与投资者情绪无关。但，1989 年日本泡沫经济的崩塌、1994 年墨西哥爆发的金融危机、2007 年美国次贷危机引发的全球性金融海啸等经济史实使学者们开始深刻思考资本市场中的非理性因素对于实体经济的影响。资本市场的运行规律早已证实，投资者情绪的高涨抑或是低落会引致股票价格系统性地偏离其基本价值，进而影响公司的实体投资行为。

由于有效市场假说与传统的金融理论无法很好的解释证券市场中的诸多金融"异象"，如股票收益的动量效应、IPO 首日收益之谜、封闭式基金折价之谜、羊群效应、规模效应等，而结合认知心理学的行为金融学理论则能够较好地给予解释，因此行为金融学在之后得以蓬勃发展，并使得公司财务与心理行为的交叉与碰撞成为现代财务学的一大前沿热点问题，正如美国著名财务学家杰·瑞特（Jay Ritter，2005）所言："与以往的所有研究范式相比，目前财务学研究的最新进展之一就是体现在诸多学者采用行为的方法来研究公司财务问题"。随之，投资者情绪等市场非理性因素对公司经营决策的影响日渐受到公司行为财务领域的关注。而中国"新兴＋转轨"的政策性资本市场环境中，投资者情绪现象比发达国家的成熟资本市场更为明显，这也为投资者情绪理论在经济转型期国家的研究提供了良好的契机。目前有关公司创新投资的研究大多围绕公司治理、企业战略、财政政策、宏观经济环境等维度展开，忽略了资本市场中行为主体的心理这一外部非理性因素在其中存在的影响。

鉴于此，本书基于行为金融学与公司财务学理论的研究成果，在中国资本市场的现实情境下，从行为与结果两条路径全面、系统地探究投资者情绪对企业创新投资的影响及其经济后果。本书首先依循"投资者—管理者—创新投资决策"的行为路径，分别在管理者理性与管理者非理性这两个不同的影响路径分析框架下，考察投资者情绪对于公司创新投资的影响。并通过引入政府控制的制度背景、机构投资者持股的股权结构与公司特征等因素，进一步分析在中国转轨制度环境下，投资者情绪对于公司创新投资存在影响的差异性；最后，依循结果路径，深入分析投资者情绪在创新驱动价值创造过程中存在的作用。

本章的结构安排：第 1.1 节是研究背景与选题的研究意义；第 1.2 节是对研究中所涉及的主要概念进行界定；第 1.3 节是研究思路、研究框架与研究方法；第 1.4 节归纳本书的研究结论与创新之处。

1.1 研究背景与研究意义

1.1.1 研究背景与问题的提出

创新是民族进步的灵魂，是国家兴旺发达的不竭"原动力"。党的十八大报告指出："科技创新是提高社会生产力和综合国力的战略支撑，必须摆在国家发展全局的核心地位"，要实现"科技进步对经济增长的贡献率大幅上升，进入创新型国家行列"。中国经济增长的内动力已由过去的要素驱动、投资驱动转向创新驱动这一新的引擎。而创新驱动的核心支撑是技术创新，持续的研发投入是助推技术创新的必备"燃料"。2016 年 5 月，中共中央、国务院印发的《国家创新驱动发展战略纲要》中进一步提出了我国创新驱动发展的三步走战略，指出战略保障之一是需要多渠道增加创新投入，引导企业成为技术创新的投入主体。可见，企业的创新投资问题关系到了国家创新目标实现的全局，无论是从全社会的宏观层面，抑或是企业的微观层面，围绕创新投资的研究都是当前空前重要的议题，具有十足战略意义。

近年来，我国的创新资源投入逐渐增长，知识产出与创新能力不断提升。2016 年，中国在全球 40 个主要国家中创新指数综合得分位居第 18 位，比 2015 年提升一个位次，如期实现"十二五"科技规划提出的战略发展目标，创新能力遥遥领先于同一经济发展水平的国家，与创新型国家的差距进一步缩小①。从反映自主创新能力的重要指标来看，我国全社会的研究与试验发展（研发）经费投入强度（研发经费占 GDP 比重）的比重逐年稳步提升，由 2007 年的 1.38% 提升至 2015 年的 2.07%，达到 50% 的增长率。从投入主体来看，2015 年各类企业研发经费支出为 10 881.3 亿元，比上年增长 8.2%，占全部经费投入的比重为 76.8%，表明企业已然成为我国技术创新的主体力量（见表 1 - 1、图 1 - 1 所示）。

表 1 - 1　　　　　　　中国科技经费支出（2008～2014 年）

	2008 年	2009 年	2010 年	2011 年	2012 年	2013 年	2014 年
国家财政科技支出（亿元）	2 611.0	3 276.8	4 196.7	4 797.0	5 600	6 185	6 840
占国家财政总支出的比重（%）	4.17	4.29	4.67	4.39	4.45	4.41	4.5
R&D 经费（亿元）	4 616	5 802	7 063	8 687	10 298	11 847	13 312
与国内生产总值之比（%）	1.46	1.68	1.73	1.79	1.93	2.01	2.09
企业 R&D 经费	3 382	4 249	5 186	6 118	7 842	9 076	10 309

资料来源：中国科学技术部发布的《科技统计数据汇编》。

---

① 数据来源于 2016 年 6 月中国科学技术发展战略研究院发布的《国家创新指数报告 2015》。

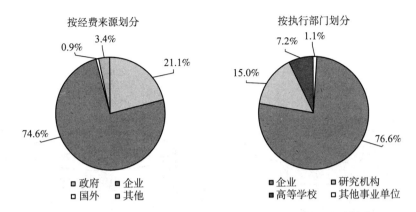

图 1 – 1　2015 年中国研发经费支出按来源与执行部门比重划分

资料来源：中国科学技术部发布的《科技统计数据汇编》。

　　但，透过这一系列振奋人心的数据背后，我们必须清楚地认识到，虽然我国研发经费总量再创新高，已位居世界第二，但与世界第一的美国相比，尚不足其 50%，并且研发投入强度（研发经费/GDP）与主要国家相比仍较低。我国 2015 年的全社会研发经费投入强度虽然比 2007 年增长了 50%，但比"十二五"规划所制定的 2015 年的 2.2% 的发展目标低了 0.13 个百分点，而美国、德国和日本在 2014 年这一比值分别已达到 2.74%、2.84% 和 3.59%，韩国更是达到了 4.29%（见图 1 – 2、图 1 – 3 所示）。从近年来我国研发经费增长的态势来看，虽然成绩喜人，但无论是研发投入规模还是投入结构，相对于建设创新型国家的客观要求、推进供给侧结构性调整与培育经济发展的新动能的迫切需求来说仍存在较大差距。国家"十三五"规划提出的 2.5% 的发展目标，任重而道远。2015 年我国规模以上工业企业的研发投入强度均值仅为 0.9%，而同期主要发达国家则为 2.5% ~ 4%，差距不容小觑。如今，距离《国家创新驱动发展战略纲要》中提出的"2020 年跻身创新型国家行列"的发展目标只剩 3 年，要如期实现这一战略目标，除了进一步加大政府财政科技经费投入力度之外，还需要充分调动企业创新投资的积极性。由此，如何提升我国企业的创新投入水平是当前亟待解决并需要深入研究的重要课题。

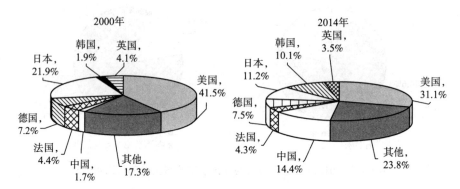

图1-2 部分国家研发经费数量占世界份额（2000年与2014年对比）

资料来源：中国科学技术部发布的《国家创新指数2015报告解读》。

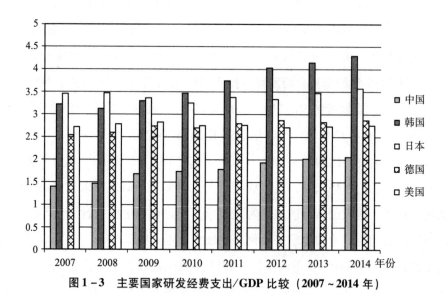

图1-3 主要国家研发经费支出/GDP比较（2007～2014年）

资料来源：由作者根据Wind数据库中数据整理而得。

目前，与企业创新投资相关的研究大多围绕公司治理、企业战略、财政政策、宏观经济环境等维度展开，忽略了资本市场中行为主体的心理等非理性因素对其存在的影响。与国外较发达完善的资本市场相比，中国的资本市场成立较晚，虽历经 20 多年发展，仍存在诸多问题，其中最为关键也是最具特色的就是市场投资者数量结构不合理，个体投资者（散户）数量高达 90% 以上，机构投资者规模与持股占比均偏低①。相对于专业的机构投资者而言，个体投资者普遍缺乏专业知识与时间精力投入，投机性强，易受情绪影响，这致使我国证券市场充斥着更多非理性因素，不稳定性与不确定性加剧。2006 年以来中国股市屡乘"过山车"，各类上市公司的股票价格在不同阶段均出现了价值偏离，市场估值水平的巨大波动印证了这一点，这也为投资者情绪理论针对转型期经济国家的证据检验提供了良好的契机。投资者情绪会影响公司的实体投资行为（Baker & Wurgler, 2003; Polk & Sapienza, 2009; 花贵如, 2010），许多公司的投资决策存在迎合资本市场的公众情绪与主观意见，投资重点追随股票市场热衷的题材而随之不断变化。比如我国曾经 1999 年的"网络热"，2001 年的"生物技术热"，以及近几年的"互联网金融热"等便是很好的例证。而创新投资作为企业一项具体且特殊的投资活动，因具有高度的信息不对称性与不确定性等特质，在投机性的市场环境中更易被投资者错误估价，投资者情绪对其应具有更大影响。但关乎此问题的理论分析与实证检验极度匮乏且薄弱。那么，在当前全面部署建设创新型国家、积极推动企业成为创新主体地位的经济背景下，基于中国转轨期的制度环境，资本市场中的投资者情绪对企业的创新投资究竟存在怎样的影响？其影响机理是什么？存在何种经济后果？这是目前亟待解决并需要深入研究的重要议题。

鉴于上述研究动机，本书基于行为金融学、公司财务等研究成果，立足于我国特殊的制度背景，结合资本市场实际，依循"行为—结果"的研究路

---

① 截至 2016 年 4 月底，我国股票市场期末投资者账户数量总计 10 545.41 万。其中，个人投资者账户数量为 10 515.73 万，占比 99.72%，机构投资者账户数量为 28.99 万，占比为 0.29%。截至 2015 年第三季度，中国股票市场个人投资者、一般法人、专业机构投资者持股的流通市值占比例分别为 41.58%、51.71%、6.71%（数据来源：东方财富 Choice 与 Wind 数据）。

径，系统、全面地探讨投资者情绪对企业创新投资的影响。本书通过渐进式的放松"市场有效性"假说与"完全理性人"假说，分别从管理者理性与管理者非理性两种异质的影响路径分析框架下考察投资者情绪对于公司创新投资的影响，并嵌入政府控制的制度背景、机构投资者持股的股权结构、公司特征等因素，进一步分析在中国转轨制度环境下这种影响的差异性；最后，依循结果路径，从企业价值的驱动机制深入分析投资者情绪影响创新投资的经济后果。本书的研究试图回答如下递进的四个问题：①企业的创新投资是否受到投资者情绪的影响？在中国特殊的制度背景下具备何种特征？②投资者情绪如何影响企业的创新投资？在管理者理性和管理者非理性的不同影响渠道的作用机理下，其影响有何不同？③制度设计如何介入及干预投资者情绪对于企业创新投资的影响？具体来说，在中国目前的转型期经济背景下，实际控制人为政府与非政府的上市公司，投资者情绪对于企业创新投资的影响是否存在异质性？对于机构投资者持股比例不同的上市公司，投资者情绪对其创新投资的影响是否因此存在显著差异？④若上述影响存在，进而，投资者情绪通过影响企业创新投资而产生对于企业价值的影响，又是否因政府控制的制度背景不同而存在异质性？本书拟对上述问题进行深入而系统的探讨。

1.1.2　研究意义

1.1.2.1　理论意义

自 1912 年约瑟夫·熊彼特（Joseph Alois Schumpeter）在其《经济发展理论》一书中提出了"创新"及其在经济中的作用，之后的学者围绕企业的技术创新进行了大量有益探索，并通过设计不同的操控性计量指标，侧重从技术创新的内生因素，基于市场、行业等宏观层面或公司微观层面等数据样本进行了相关检验，却大多忽略了投资者心理这一外生的社会性因素对于公司的创新投资活动所起的作用，以及现实中投资者与管理者有限理性共存的事实。在现代企业中，投资者和管理者掌握着公司资源的所有权与配置权。因此，从投资者与管理者角度对企业的投资活动进行深入剖析，尤其将二者的心理因素考虑进来才能更加深入与符合实际地洞悉企业创新投资决策的选择机制，以及各财务决策主体对创新投资行为的影响。

现有的行为金融学理论大多依循两条相对独立的路径开展研究：一条路径强调在投资者有限理性的行为框架下，考察管理者的投、融资决策行为对于股票错误估价的理性反应（Baker et al，2004；Polk & Sapienza，2009）。尽管公司治理等理论意识到管理者对于公司决策及业绩表现的重要性，但，这些理论往往将管理者视为是追求效用最大化的理性决策者，其行为均会遵守贝叶斯学习法则①；另外一条路径则忽略投资者的有限理性，强调管理者的心理偏差或非理性行为对于公司投、融资等财务决策的影响（Roll，1986；Cooper et al，1988）。但是，这两种研究范式都忽略了在真实的资本市场环境中，投资者与管理者其实是有限理性共存（Baker et al，2004）。无视投资者与管理者任何一方的主观情绪、心理偏差等影响因素都将无法真实地刻画其对于企业投资决策的影响。虽然，已有学者意识到此问题，并展开了一些有益的探索（Nofsinger，2003；花贵如，2010；王海明，2013；余丽霞和王璐，2015），但并不充实。并且现有研究主要以企业的资本投资整体作为研究对象，缺乏针对其中的创新投资这一类具有异质性特征的投资行为的单一系统性研究与数据检验。

鉴于此，本书选取 A 股上市公司的创新投资为研究对象，深入分析资本市场中的投资者情绪对其影响的存在性、影响机理及可能产生的经济成果。并且承接公司财务的一般研究逻辑，从管理者理性的研究视角出发，最终构建基于投资者与管理者均非理性的研究框架，系统性解释投资者情绪对于公

---

① 余明桂，夏新平，邹振松. 管理者过度自信与企业激进负债行为［J］. 管理世界，2006（8）：104 - 112.

司创新投资的影响，弥补了传统公司财务理论的不足，拓展与丰富了行为金融理论在公司创新投资领域的研究视角与研究范畴。具体的，本研究的理论意义主要有如下几点：

第一，基于行为金融学、公司财务、企业管理学等理论及研究成果，分别在管理者理性与非理性的分析框架下，以行为金融学视角系统性阐释投资者情绪对于创新投资的影响及其所存在的经济后果，有助于更加深入了解个体的决策行为（管理者的创新投资决策）如何受到社会影响（投资者情绪）的理论问题；

第二，在管理者非理性这一研究框架下，将投资者与管理者这两大决策主体的心理因素共同引入其中分析对于企业创新投资的影响，不仅有助于理解管理者非理性行为背后的动机和企业创新投资决策的选择机制，还有助于管窥投资者情绪对管理者同质心理的"塑造"，进一步深刻理解管理者的过度自信在投资者情绪影响企业创新投资过程中的中介作用，弥补了传统行为金融理论与公司财务理论的不足，拓展了行为公司金融理论中有关主体情绪在公司投资领域的研究视角与范畴；

第三，结合制度设计与心理因素，充分考虑了中国资本市场中制度环境、投资者结构、控制权特征等因素在投资者情绪影响企业创新投资过程中的介入与调节作用，不仅有助于充分理解政府控制的制度背景、机构投资者持股的股权特征等重要影响因素在其中存在的作用，并进一步有益地补充、完善了投资者情绪与企业创新领域针对新兴转轨型经济国家的研究成果与经验证据。

1.1.2.2　实践意义

企业的研发创新活动投入大、周期长、风险高、投资收益不确定且滞后，并存在小企业"搭便车"等外部性问题，往往导致其研发投入不足（Jones & Williams，1997；Johnson，2007；Aramonte，2015）。即使专利保护与先发优势可以在一定程度上消除这些外部性，但，研发活动的私人回报仍然低于社会回报（Griliches，1992），研发创新的均衡水平低于社会最佳水平，信息不对称等因素同样会对其产生影响。此外，公司的经理人出于对自身职业生涯的考量，易产生短视与风险厌恶倾向，短期盈利目标等的业绩考核压力会降低其对于技术创新等风险性投资项目的动机与激励。这些因素均导致了企业创新投资不足①。那么，在当前中国面临创新驱动的转型期经济背景下，如何更加有效地加大创新投入水平，提升企业的自主技术创新能力，推动"制造经济"更好地向"创新经济"大举迈进，具有格外重要的战略现实意义。具体来说，本书的实践意义有如下几点：

第一，本书的研究有助于从微观的企业层面深入思考金融市场对于实体经济与资源配置的影响，理解心理因素与制度设计在经济运行中的重要影响，验证了虚拟经济对于实体经济的"助推器"作用。为我国资本市场的进一步规范，提高企业创新投资决策效率，推进供给侧结构性改革以及助推经济转型升级提供有益思路。

第二，相比西方较发达、完善的资本市场，中国证券市场起步较晚。非理性因素较多，其中最明显的特征即易受投资者情绪的影响，股票价格波动剧烈②。资本市场中高涨抑或低落的投资者情绪是否会通过股票价格这一信号传导媒介影响企业的创新投资决策？企业的管理者在此影响过程中扮演何种"角色"？对此问题的深入探寻有助于全面理解投资者情绪对于企业创新的影响，为当前经济转型期实体经济金融化趋势下虚拟经济所具有的积极影响提供微观支持。

第三，创新是提升企业价值和核心竞争力的关键，而优化企业创新投资决策，合理选聘管理者至关重要。股东应全面认识管理者过度自信的程度与"两面性"，既要认识到"过度自信"这一心理特质在接受挑战性任务、攻克技术难关时存在的积极作用，还须合理规避其负向影响。本书的

---

① 唐玮，崔也光，齐英. 长期融资性负债、银企关系与 R&D 投资——来自制造业上市公司的经验证据［J］. 数理统计与管理，2017（1）：29–37.

② 姚颐，刘志远. 震荡市场、机构投资者与市场稳定［J］. 管理世界，2008（8）：22–32.

研究对于企业在人力资源实践中扬长避短，制定更为合理的高管选聘机制，发挥高管个人优势，增强创新凝聚力与决策力，提升企业自主创新能力颇具借鉴意义。

1.2　主要概念界定

1.2.1　投资者情绪

情绪（emotion）一词来源于心理学，是一系列主观认知经验的统称，为多种感觉、思想与行为综合产生的心理与生理状态，既涵盖喜、爱等正面情绪，也包括怒、恐等负面情绪，会受到个体认知能力和外部环境变化的影响。但在行为金融学理论中，"情绪"等同于错误，认为"情绪"代表的是市场投资者的总体认知错误在证券价格中的反映，即股票的错误定价（Shefrin，2007）。异于传统金融学中的"理性经济人"假设，行为金融学派认为，具有异质信念和偏好的投资者往往是非理性的，投资者过于乐观或悲观的预期会导致金融资产的错误定价。由于有限套利的存在以及时间和风险的约束，使这种错误定价经常性、长期性存在。股票价格既包括了公司的基本价值，又包含了投资者的主观认知或心理偏差。

投资者情绪（investor sentiment）这一概念主要来源于对有效市场假说造成极大冲击的噪音交易理论，其认为市场上长期存在大量噪音交易者，股票的价格是由这些噪音交易者与理性套利者之间的互动关系决定（Black，1986）。受市场基本面信息影响较大的噪音交易者，其认知偏差或非理性的交易行为会因社会互动机制的作用而被无限放大，进而对股票价格产生重要影响（Shefrin，1984；Shefrin & Summers，1990）。这种非理性导致的未来预期的系统性偏差即投资者情绪，是在受到市场交易者的个人主观认知和证券市场状况的变化影响的情况下产生的。由于各种因素的纵横交错，证券市场时刻在发生变化，投资者作为市场环境中的行为人，必将根据这些变化做出反应，形成投资者情绪，从而影响其投资策略[①]。传统经济学中界定的投资者均为理性人，会做出理性的决策，及时规避风险并使经济利益最大化。然而在现实的资本市场中，一方面，由于存在种种不可控的外界因素（如经济衰退、信息不对称等），投资者倾向于寻求外部力量（咨询专家、政府机构等）的帮助，并对这些外部信息较为依赖。投资者的心理预期会受到证券市场的变化和不确定性的影响，进而导致投资决策体现出情绪化的行为倾向；另一方面，由于人们的教育水平、投资经验、性格特点、自身能力等都存在异质性，这使得不同投资者对各种信息的认知程度可能不一致，进而导致其投资决策也可能存在差别。因此，投资者情绪产生的主要原因是证券市场的多变性与信息的认知偏差。

为了加深对投资者情绪这一概念的认知，国内外的学者们从心理信念、市场预期、资产定价等不同角度对其进行了界定。如：德隆等人（De Long et al，1990）首次提出了投资者情绪的概念，认为投资者情绪是噪声交易者所具有的错误信念；施莱弗和维什尼（Shleifer & Vishny，1994）基于认知心理学和预期理论认为，投资者情绪是交易者错误地应用贝叶斯法则与主观预期效用理论而形成投资信念和价值取向的认知过程；施泰因（Stein，1996）将投资者情绪界定为是市场投资者对股票预期收益与风险的系统性偏差；梅赫拉和沙赫（Mehra & Sah，2002）从行为资产定价理论角度认为，投资者情绪反映投资者对未来股票价格波动的主观偏好，特别是反映在风险偏好上；布朗和克利夫（Brown & Cliff，2004）将投资者情绪界定为投资者对公司未来股价总体乐观或悲观的状态，是投资者对于股票市场预期的系统性偏差；贝克和沃格勒（Bake & Wurgler，2006）认为投资者情绪是投资者的投机性倾向，这种倾向的相对需求主要来自投资者情绪的驱使；波尔克（Polk，2009）

---

① 张丹，廖士光. 中国证券市场投资者情绪研究［J］. 证券市场导报，2009（10）：61-68.

认为投资者情绪是投资者对企业价值的判断失误。我国的学者，王美今和孙建军（2004）将投资者情绪界定为是感性影响下的判断和认知，是由投资者主观认知偏差所产生的；丁志国和苏治（2005）、刘端和陈收（2006）从资本市场非有效性出发，认为投资者情绪是投资者对未来资本市场的非理性预期与估价；薛斐（2005）认为，投资者情绪是一种信念，是投资者在自身心理特征和认知水平影响下产生的较为系统的偏差；张丹和廖士光（2009）认为投资者情绪代表了投资者心理对于未来股票市场多空形态的主观判断；刘志远和花贵如等（2009，2010，2011）认为投资者情绪是投资者对股票的一种错误定价；黄宏斌等（2016）基于施泰因（Stein，1996）的市场择时理论，认为投资者情绪是由于市场中有限套利与异质信念的存在，使得投资者对于未来预期存在的一种系统性偏差。

已有研究中关于投资者情绪的定义可以归纳为两种观点：其一，基于心理学理论，将投资者情绪定义为是一种由心理或认知所导致的主观信念；其二，依据经济学理论，定义投资者情绪是一种系统性的心理偏差或对股票的错误定价。虽然国内外学者对于"投资者情绪"给予的措辞不同，但改变不了其本质属性，即，投资者情绪是由于投资者的心理偏差等非理性因素导致证券价格短期内被过高或过低估价，并使其在较长时期内偏离股票内在价值的一种市场异象。

鉴于本书所要研究的是投资者关于个股形成的预期信念或情绪对公司管理者的创新投资决策行为的影响，因此，本书对"投资者情绪"的界定为，投资者对公司股票未来现金流量和风险的一种主观信念，外在表现为对公司未来盈利预期的总体乐观判断或者悲观判断。这种主观的预期判断受投资者自身的教育经历、社会背景、能力、性格与偏好等影响而形成异质信念，并通过群体间的情绪感染，在社会互动机制下趋于一致，导致股票被误定价，偏离公司真实信息。而由于有限套利、时间及风险约束的存在，使得投资者情绪引致的股票误定价在短时期内难以消除，致使公司的股票价格在未来长时期内偏离基本价值①。因此，股票的错误定价与投资者情绪实质上是同一事物的两个方面，前者是后者的"因"，后者为前者的"果"。投资者情绪属于社会情绪的范畴，并且是社会情绪有效的替代性指标，而投资者高涨或者低落的情绪会对属于个体情绪的企业管理者产生影响（Nofsinger，2005；花贵如，2010）。

1.2.2　管理者过度自信

前已述及，在传统经济学家的研究模型中，个体的行为通常被假定为理性。但，大量的实验心理学研究却发现，人们的行为常常背离理性假设，表现出过度自信、乐观主义、短视偏差、锚定效应、羊群行为等非理性特征。其中，"过度自信"（overconfidence）被认为是人类与生俱来、最为稳固的一种心理状态与行为特征②。"过度自信"源自认知心理学中的术语。心理学家基于实验观察以及现实中的现象发现，人们通常过度相信自己的分析判别能力，倾向于高估成功的可能性，低估失败的概率，预测未来时往往倾向表现出过度自信这一种认知偏差（Wolosin et al，1973；Langer，1975；Nofsinger，2005）。随着行为公司金融学领域研究的兴起与不断深入，学者们将行为金融的基本假设和研究方法同公司决策主体的行为研究结合起来，从管理者的行为特质角度寻求对企业投资决策研究领域的补充与完善。学者们通过研究发现，过度自信这一种认知偏差在公司管理者中存在的概率远高于一般大众（Cooper et al，1988；Landier et al，2009）。已有研究认为，管理者过度自信主要存在自我归因（Doukas & Petmezas，2007）、乐观主义（Cooper & Woo，1989）、控制幻觉（March & Shapira，1987）和知识幻觉（Russo & Shoemaker，1992）这四类心理表现形式，是公认的认知心理学

---

① 易志高，茅宁，耿修林. 中国股票市场投资者情绪指数开发研究［C］. 2008.
② Thaler R. Does the Stock Market Overreact？［J］. The Journal of Finance，1985，40（3）：793 - 805.

中较为稳健的发现。

自罗尔（Roll，1986）开创性地提出管理者自大假说，表示狂妄自大（hubris）会导致管理者过度乐观，高估并购收益，引发低效并购与企业风险，并首次将"过度自信"这一概念引入公司金融研究领域之后，国内外的诸多学者分别从能力、风险、信息等不同层面对"管理者过度自信"进行了界定。伯纳德和韦尔奇（Bernard & Welch，2000）认为过度自信的管理者过于相信自身掌握信息的准确程度，并以此来进行决策，而忽视其他信息；希顿（Heaton，2002）用乐观主义（optimism）来描绘过度自信，认为高度乐观的管理者会造成企业投资异化，在不同的自有现金流下导致企业过度投资或投资不足；热维斯和戈德斯坦（Gervais & Goldstein，2003）则认为过度自信的管理者会高估自身所掌握信息的准确性，从而高估其决策能力以及规避风险的能力；茅曼第安和泰特（Malmendier & Tate，2005）认为过度自信的管理者会高估公司决策所带来的收益；谢夫林（Shefrin，2007）认为过度自信是基于管理者高估自身能力与知识面而产生的过高估计判断精度与准确性的心理偏差；哈克巴特（Hackbarth，2008）认为过度自信的管理者将会高估公司未来的经营业绩，而低估未来收益的风险。国内的学者，叶蓓和袁建国（2008）、余明桂等（2006、2013）均认为过度自信的企业管理者对公司的生产状况及未来发展表现出一种乐观情绪与极强的信心；陈其安和陈亮（2008）将过度自信界定为是公司管理者过于高估自身能力与所掌握信息的精确性与可靠程度的一种心理偏差；姜付秀等（2009）认为中国管理者的过度自信来自我国传统文化中的儒家文化的"君臣"思想，这种思想赋予了管理者在公司的绝对权威、造成其高高在上的过度自大心理。

在有关管理者"过度自信"的研究中，国内外的学者们使用了不同的表述方式，如罗尔（Roll，1986）使用了"狂妄自大"（hubris）、希顿（Heaton，2002）使用了"乐观主义"（optimism）、叶蓓和袁建国（2008）使用了"管理者信心"等，虽然措辞不同，但并未改变管理者过度自信这一心理特征的本质。综合现有研究，本书中的"管理者过度自信"一词界定为管理者在进行财务决策时所存在的过高估计自身的经营能力以及私人信息的准确程度，导致高估投资项目未来收益和成功概率，低估风险以及不利事件发生的一种心理偏差，反映出管理者对于未来项目预期的一种乐观主义情绪。因此，在本研究中，管理者的"过度自信"与管理者的"乐观主义""信心"等词汇意义相同，可相互替代。

1.2.3　企业创新投资

创新（innovation）一词起源于拉丁语，意指以新思维、新描述、新发明为特征的概念化过程，具有三层含义：一是更新；二是创新；三是改变。而经济学中的创新概念，源自 1912 年美籍经济学家约瑟夫·熊彼特的《经济发展理论》一书。他在此书中提出了"创新"一词及其在经济中的作用，指出创新是引入生产体系的一种新生产要素与生产条件的"新结合"，包括引入新产品、新的生产方法、开辟新的市场、获得原材料或半成品的新的供应来源、新的组织形式这五种情形。由此可见，熊彼特的创新概念既涵盖技术性的产品生产式创新，同时也涵盖非技术性的组织式创新。至 20 世纪 60 年代，随着新技术革命的迅猛发展，美国经济学家华尔特·罗斯托（Walt Rostow）在其提出的经济发展"起飞"的六阶段理论中把"技术创新"提升至"创新"的主导地位。一般来说，企业创新主要包括产品创新、流程创新、市场营销创新、企业文化创新、结构创新、制度创新、管理创新等，渗透于企业生产经营的方方面面。而研究与开发（research and development，以下简称 R&D）活动是实现企业技术自主创新、提升核心竞争力的关键路径，位于企业创新链的最前端。企业的 R&D 投资是企业进行技术研发、提升自主创新能力的资源性投入行为。由此，本书研究范畴中的"创新投资"主要聚焦于企业具体的 R&D 投资活动。

联合国教科文组织（United Nations Educational, Scientific and Cultural Organization）给予 R&D 活动的界定是：在科学技术领域，为增加知识总量

（包括人类文化和社会知识的总量），以及运用这些知识去创造新的应用所进行的系统性、创造性的活动，包括基础研究、应用研究、试验发展三类活动，可译作"研究与开发"。可见，R&D 活动是真正推动国家技术进步、经济发展的关键内核，是培育与形成企业自主创新能力的强大原动力。由于本书所关注的研究对象是企业这一微观层面的 R&D 创新活动，研究数据主要来自上市公司的财务报表，所以这里有必要阐述一下我国会计准则关于 R&D 的界定，以及会计核算要求。我国财政部在 2006 年 2 月 15 日颁布的《企业会计准则》中，对 R&D 费用的概念作出了明确规定。企业内部的研究开发项目支出应当区分研究阶段支出和开发阶段支出。研究阶段是探索性的，为进一步开发活动进行资料及相关方面的准备，现已进行的研究活动将来是否会转入开发、开发后是否会形成无形资产等均具有较大的不确定性。比如，意在获取知识而进行的活动，研究成果或其他知识的应用研究、评价和最终选择，材料、设备、产品、工序、系统或服务替代品的研究，新的或经改进的材料、设备、产品、工序、系统或服务的可能替代品的配制、设计、评价和最终选择等均属于研究阶段的活动；而开发阶段应当是已完成前期研究阶段的工作，在很大程度上具备了形成一项新产品或新技术的基本条件。如，生产前或使用前的原型和模型的设计、建造和测试，不具有商业性生产经济规模的试生产设施的设计、建造和运营等均属于开发阶段的活动①。研究与开发活动是同一事项的两个方面，研究活动是开发活动的基础，前期通过调查研究获得有价值的信息，后期利用前期的信息形成一定的成果，为企业带来长期的经济效益。相应的，"研究与开发费用"分为研究费用与开发费用。根据 2007 年财政部发布的《关于企业加强研发费用财务管理的若干意见》中指出，企业的研发费用（即原"技术开发费"）是企业在产品、技术、材料、工艺、

---

① 具体规定出自《企业会计准则第 6 号——无形资产》。

标准的研究、开发过程中发生的各项直接和间接费用①。对于企业自行进行的研究开发项目，企业会计准则要求划分研究阶段与开发阶段的支出分别进行会计核算。研究阶段的支出全部费用化计入利润表中管理费用科目所属的相应明细科目，开发阶段的支出满足资本化条件的可予以资本化形成企业资产，计入资产负债表中的开发支出科目。

卡曼和施瓦茨（Kamien & Schwarttz，1976）基于 R&D 异质性特征，将创新投资区分为探索式创新（exploratory innovation）与开发（常规）式创新（exploitative innovation）。探索式创新是一种基础性、激进性、革命性的创新方式。强调企业借助新知识和新技术开发出新的产品，寻求新的盈利增长机会，以迎合新兴市场所进行的创新。它着眼于整个市场的创新性，承担更高的风险，具有进攻型特征；而开发式创新是一种常规性、渐进性的创新方式。强调企业以既有知识、技术为基础，对已有产品进行改造升级，或继续开拓现有市场，主要以满足现有市场为目标所进行的创新，具有防御型特征。其后的学者在界定探索式创新与开发式创新时大多基于对探索性和开发性活动的认知。纳尔逊和温特（Nelson & Winter，1982）将探索式创新与开发式创新视为企业战略的一部分；马奇（March，1991）基于组织学习的研究，认为探索式与开发式属于一体两端，开发活动与改善、效率和执行力相关，探索活动与变化、冒险和柔性相关；本纳和塔什曼（Benner & Tushman，2002）将探索式创新与开发式创新分别界定为企业技术创新活动中的探索与开发活动；而詹森等人（Janson et al，2006）则将探索式创新与开发式创新进行了

---

① 主要包括：①研发活动直接消耗的材料、燃料和动力费用；②企业在职研发人员的工资、奖金、津贴、补贴、社会保险费、住房公积金等人工费用以及外聘研发人员的劳务费用；③用于研发活动的仪器、设备、房屋等固定资产的折旧费或租赁费以及相关固定资产的运行维护、维修等费用；④用于研发活动的软件、专利权、非专利技术等无形资产的摊销费用；⑤用于中间试验和产品试制的模具、工艺装备开发及制造费，设备调整及检验费，样品、样机及一般测试手段购置费，试制产品的检验费等；⑥研发成果的论证、评审、验收、评估以及知识产权的申请费、注册费、代理费等费用；⑦通过外包、合作研发等方式，委托其他单位、个人或者与之合作进行研发而支付的费用；⑧与研发活动直接相关的其他费用，包括技术图书资料费、资料翻译费、会议费、差旅费、办公费、外事费、研发人员培训费、培养费、专家咨询费、高新科技研发保险费用等。

绝对分割，探索式创新是企业借助新知识和新技术开发出新的产品和服务。开发式创新是企业利用现有知识、技术为原有客户或市场延伸产品或服务。借鉴卡曼和施瓦兹的研究，并结合《企业会计准则第 6 号——无形资产》中关于 R&D 费用的分类，唐清泉和肖淑莲（2012）将企业的创新投资区分为探索式创新投资和常规式创新投资。若企业的 R&D 投资只涉及研究阶段，或者同时涉及研究阶段和开发阶段，将其界定为探索式创新投资。而若只进行了开发阶段的 R&D 投资，则界定为常规式创新投资。顾群和翟淑萍（2014）、翟淑萍和毕晓芳（2016）等将企业研究阶段的投资界定为探索式创新投资，将开发阶段的投资界定为探索式创新投资。

鉴于本书的研究意图与研究内容，并参考（汪晓春，2002；王永明和宋艳伟，2010；唐清泉和肖海莲，2012；卢锐，2014；苑泽明和郭景先，2015；陶厚永等，2015；贺亚楠，2015）等的研究，本书所界定的"创新投资"主要聚焦于企业的 R&D 创新活动，不包括文化创新、制度创新等，即具体化为财务报表中的 R&D 投入项目的探讨。若无特殊说明，在本书余下部分的内容表述中，"创新投资""创新投入""R&D 投资""R&D 投入"这四者并无实质差异，可互相替代。此外，本研究对于创新投资的界定和分类借鉴了上述翟淑萍和毕晓芳（2016）的研究，具体参见后续第 4～6 章中的变量定义与说明。表 1－2 为主流文献中关于探索式创新与开发性创新的比较。

表 1－2　　　　　　　　　　探索式创新与开发性创新的比较

	探索性创新	开发性创新
创新目标	满足新出现的顾客或市场需求	满足已有顾客或市场需求
创新结果	激进性创新；目的是要获得新的设计、新市场或新的营销渠道等	渐进性创新；优化已有设计、营销渠道和技能等
知识基础	需要新知识，或从已有知识中提炼出新知识	对已有的知识与技能进行扩展

	探索性创新	开发性创新
创新来源	搜索、变异、柔性、试验、冒险	提炼、复制、效率、实施
组织结构	高度分权化；半标准化程序/半正式化流程	低度分权化；标准化程序/正式化流程
组织文化	鼓励尝试；愿意面对不确定性/风险；容忍失败	产出要求确定性；偏好短期目标；承诺专一
绩效影响	影响长期绩效；回报高度不确定	影响短期收益；回报低度不确定

资料来源：李剑力．探索性创新、开发性创新与企业绩效关系研究［M］．经济管理出版社，2010。

1.3 研究思路、框架与方法

1.3.1 研究思路、主要内容与研究框架

基于行为金融学的研究视角，立足于中国特殊的制度背景与资本市场现实，本书试图从行为与结果两条路径循序渐进的、全面的、系统性解释投资者情绪对于公司创新投资的影响、影响机理及经济后果。本书从"投资者—管理者—创新投资决策"的行为路径出发，通过渐进式放松"理性人假设"，首先在管理者理性的影响路径分析框架下考察投资者情绪对于公司创新投资的影响；其次，彻底摒弃"完全理性人假说"，在管理者非理性的影响路径分析框架下，剖析投资者与管理者均非理性对于公司创新投资的影响，以期更加接近真实的资本市场环境；然后，引入政府控制的制度设计、机构投资者持股的控制权结构、公司特征等重要影响因素，进一步分析在中国转轨制度环境下这种影响的差异性；最后，依循结果路径，从企业价值角度深入分析投资者情绪对公司创新投资存在影响的经济后果，并分析政府控制的制度

背景对其存在的干预与调节作用。本书研究框架见图1-4。

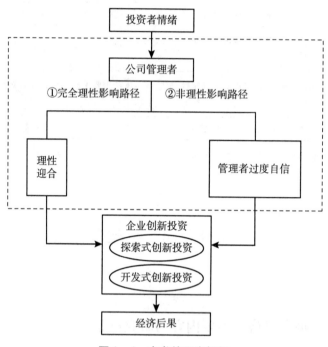

图1-4　本书的研究框架

基于上述研究思路，全书共分为七章，结构与主要研究内容如下：

第1章，导论。基于当前的经济环境与研究背景，提出所要研究的主要问题，以及文章选题的理论意义与实践意义；在对本书研究中所涉及的主要概念进行界定的基础上，提出研究思路、研究内容及研究框架，并介绍所使用的的研究方法与技术路线；最后总结本书的研究结论与创新之处。

第2章，理论回顾与文献述评。首先，基于本书的研究主旨，阐述投资者情绪影响公司创新投资的理论基础；其次，梳理投资者情绪、管理者过度自信与企业创新投资领域的已有研究，并对现有文献进行综述与评价；最后，结合中国资本市场特殊的制度环境和现有研究的潜在假设，提出本书的研究视角。

第 3 章，理论剖析与研究假说。首先，依循"投资者—管理者—创新投资决策"的行为传导路径，分别从管理者理性与管理者非理性的研究视角，对投资者情绪影响公司创新投资的影响机理与经济后果，运用行为金融、公司财务、公司治理等相关基本理论，进行逻辑上的定性分析，从影响机理与经济后果两个方面提出本书的研究假说；其次，通过放松上述研究框架中的潜在假设前提，嵌入中国资本市场中政府控制的制度背景与机构投资者持股的股权结构特征，深入分析上述两大影响因素介入投资者情绪影响公司创新投资过程中的调节作用。

第 4 章，投资者情绪影响企业创新投资的实证研究——基于管理者理性视角。基于前文的理论剖析，本部分在管理者理性的研究视角下，通过 2007～2014 年沪、深两市 A 股上市公司的研究样本，构建固定效应面板模型，深入考察投资者情绪对于公司创新投入水平的影响，并从政府控制的制度背景、高新技术属性进行细化研究，形成本章结论。

第 5 章，投资者情绪影响企业创新投资的实证研究——基于管理者非理性视角。基于前文的理论剖析，本部分研究彻底摒弃"完全理性人假说"，将投资者与管理者均为理性纳入同一研究框架，通过 2007～2014 年沪、深两市 A 股上市公司的研究样本，构建联立方程，区分异质类型的创新投资方式，深入考察投资者情绪、管理者过度自信对公司不同创新投入类型的影响，以验证管理者自信心理这一影响渠道的中介效应假说；并进一步检验政府控制的制度背景与机构投资者持股的股权结构这两大影响因素的调节作用的存在性，以及上述调节作用是否通过管理者过度自信的中介渠道发挥作用，以使本章的研究结论更加符合转轨期的中国资本市场实际。

第 6 章，投资者情绪、创新投资与企业价值。基于前文的理论剖析，本部分通过 2007～2014 年沪、深两市 A 股上市公司的研究样本，构建联立方程组，以企业价值这一衡量指标考察投资者情绪影响公司创新投资的经济后果；同时也进一步检验政府控制的制度环境对于投资者情绪影响公司创新投资的经济后果中的调节作用，形成本章的研究结论。

第 7 章，研究结论、启示与进一步研究的方向。本部分在对全书第 4 ~ 6 章的实证检验结果进行深入分析、合理归纳的基础上，形成最终研究结论；并结合中国资本市场现实与上市公司实际，提出本书的研究启示，以及未来尚需进一步研究的方向。

1.3.2 研究方法与技术路线

本书融合了规范研究与实证研究，采用了行为金融学、公司财务与企业管理等相关学科的主流研究方法。在本书的第 1 章至第 3 章，主要采用文献分析、归纳与演绎等规范研究方法，通过对基础理论与文献的梳理，剖析管理者理性与非理性行为的中介调节路径，构建投资者情绪与公司创新投资的影响机理与经济后果的理论分析框架。

在本书的第 4 章至第 6 章的研究假说检验部分，主要采用描述性统计分析、多元层次回归法、固定效应面板回归法、二阶段最小二乘法（2SLS）和广义矩估计（GMM）分析法等实证研究方法。其中：

在第 4 章的实证分析中，经过 Hausman 检验程序，最终采用稳健的固定效应面板模型进行实证检验，并在稳健性检验部分采用了二阶段最小二乘法（2SLS）与广义矩估计（GMM）分析法，以检验模型的内生性问题，以及研究结论的稳定性；

在第 5 章的实证分析中，借鉴温忠麟等（2004）的中介效应检验程序，验证了"管理者过度自信"在投资者情绪影响公司创新投入过程中的中介作用。并且借鉴温忠麟等（2006）的有中介的调节效应检验程序，进一步验证了政府控制的制度背景与机构投资者持股的股权结构在其中的调节效应；

在第 6 章的实证分析中，运用多元层次回归方法，构建联立方程组，考察了政府控制的制度背景在投资者情绪、创新投资与企业价值之间关系的调节效应。

本书的技术路线如图 1 - 5 所示。

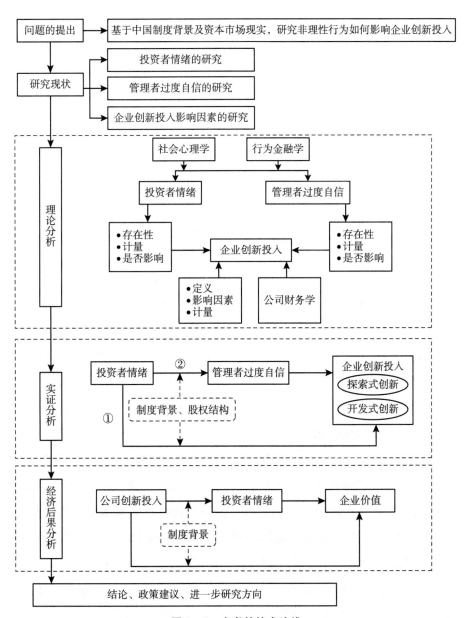

图 1-5　本书的技术路线

注：图中的①、②代表不同研究框架。①是基于管理者理性的研究框架；②是管理者非理性的研究框架。

1.4　研究结论与创新之处

1.4.1　研究结论

本书基于行为金融学与公司财务学理论的研究成果，立足于我国特殊的制度背景与资本市场实际，依循"行为—结果"的研究路径，结合规范研究与实证研究方法，系统、全面地探讨投资者情绪对企业创新投资的影响。通过渐进式的放松"市场有效性"假说与"完全理性人"假说，分别从管理者理性与管理者非理性两种异质的影响路径分析框架下，深入解析投资者情绪对于公司创新投资所存在的影响。并通过嵌入政府控制的制度背景、机构投资者持股的股权结构、公司特征等重要影响因素，进一步分析在中国新兴的资本市场与转轨制度环境下这种影响的差异性；最后，依循结果路径，考察投资者情绪通过影响公司的创新投资，进而对企业价值存在的影响。本书最终形成的主要研究结论如下：

（1）在管理者理性的研究框架下，创新产出、投资者情绪与企业创新投入显著正相关。投资者情绪波动幅度越大，创新产出对创新投入水平的敏感性越高；进一步区分政府控制的制度背景与公司高新技术属性的检验发现，投资者情绪的这种调节效应在实际控制人为非政府的上市公司、具有更高融资约束程度的高新技术公司更为显著。

（2）在管理者非理性研究框架下，投资者情绪对创新投入存在显著正向影响，"管理者过度自信"是投资者情绪影响企业创新投入的不完全中介渠道。区分创新投入方式的检验发现，相对于开发式创新，投资者情绪对于公司探索式创新投入的影响更为显著；进一步引入政府控制的制度背景、机构投资者持股的股权特征后的实证检验发现，投资者情绪对于企业创新投入的影响在非政府控制的上市公司、机构投资者持股水平较高的上市公司更为显著。

（3）对于投资者情绪影响公司创新投资的经济后果的研究发现，创新投入水平与企业价值显著正相关。在创新投入"驱动"企业价值创造的过程中，"投资者情绪"扮演了部分中介的角色；相对于政府控制的上市公司，非政府控制上市公司的创新投入水平对于企业价值的提升力相对较强，"投资者情绪"是政府控制的制度背景得以发挥调节效应的重要中介渠道。

1.4.2 创新之处

本书可能的创新之处主要在于，针对创新投资这一类具有特殊性的企业投资活动，以行为金融学的视角，实现了"一个"统一、"两大"结合。"一个"统一，即本书的研究框架统一涵盖了管理者理性与非理性的这两种异质的影响路径。"两大"结合，即本研究实现了投资者与管理者非理性的结合、制度设计与心理分析的结合。本书以期在中国现实的资本市场情景下，真实、全面、系统地阐释投资者情绪对于公司创新投资的影响路径与经济后果。具体来说，可能的创新之处存在以下三个方面：

（1）研究问题的前沿性。纵观几十年来主流财务学文献的发展轨迹，其研究方向发生了一系列显著的变化，其中，公司财务与心理行为的交叉与碰撞已成为如今一大前沿热点问题。正如美国著名财务学家杰·瑞特所言："与以往的研究范式相比，目前财务学研究的最新进展之一，是体现在众多学者采用行为的方法来研究公司财务问题"。特别的，目前从行为金融学视角对企业创新投资问题的研究十分匮乏，尤其缺乏针对转轨型经济国家的实验检验。本书实现了跨学科研究，将行为金融学理论与公司财务理论相结合，首次系统地、全面地解析了行为主体人的心理因素对于企业创新投资决策的影响，研究结论深化了行为金融理论在公司创新投资领域的交叉研究，提供了制度背景基于投资者情绪对创新投资与企业价值影响的经验证据。

（2）研究内容的创新。有别于目前的研究大多以市场层面度量投资者情绪，本书通过构建个股层面的投资者情绪指数，全面、现实地考虑主要影响公司投资决策的行为人的行为特征，综合制度背景、企业属性多个维度，依托于多元化的理论研究，从管理者理性与非理性影响渠道的视角，基于管理者决策动机、管理者心理因素全面系统的分析考察投资者情绪对于企业创新投资的影响机理及其经济后果，弥补了传统行为金融理论的不足，有助于公司财务理论研究的丰富与拓展；并且通过嵌入制度设计等因素，使我们能够深入洞悉制度环境是如何影响与干预心理因素介入企业的微观创新活动的作用过程，有助于充分理解政府控制的制度背景在中国资本市场所具有的经济后果，对于公司治理与企业创新具有重要的参考价值。

（3）研究视角的创新。其一，本书基于行为金融学视角，同时以公司财务、会计理论、企业管理理论为依据，在学科交叉的基础上，内容围绕微观企业的创新投资活动，通过刻画心理因素在市场经济运行中的作用，围绕"投资者—管理者—创新投资决策"的行为路径，管窥投资者情绪对于管理者行为的影响与"塑造"，深入刻画管理者投资决策行为背后的动机，洞悉企业创新投资决策的选择机制，横向拓宽了已有的关于企业创新投资行为的研究视角；其二，基于 R&D 异质性视角，本书将创新投资区分为探索式创新投资与开发式创新投资，考察了投资者情绪对于不同创新投入方式的影响，纵向拓宽了已有的关于投资者情绪与企业创新投资领域的研究视角。

第2章　理论回顾与文献述评

　　基于经济学、行为金融学、公司财务学、企业管理学等研究领域，立足于本书的研究主旨，本章首先阐述投资者情绪影响公司创新投资的理论基础，为后续实证分析提供理论支撑；其次，重点梳理投资者情绪、管理者过度自信与企业创新投资领域的已有研究，并对现有文献进行综述与评价；最后，结合中国资本市场特殊的制度环境和现有研究的潜在假设，提出本书的研究视角与研究方向。

2.1　理 论 回 顾

2.1.1　技术创新理论

　　在"技术创新理论"（technical innovation theory）的鼻祖——约瑟夫·熊彼特之前，亚当·斯密（Adam Smith）与卡尔·马克思（Karl Marx）等重要的经济学家都曾对技术创新给予了高度关注。亚当·斯密在其《国富论》中已经蕴含了"技术创新"的思想，《国富论》中这样阐述：国家的富裕在于分工，而分工推动经济增长的重要原因之一是它有助于某些机械的发明，这些机械的发明可以减少生产要素投入，提高劳动生产率。"某些机械的发明"在一定程度上反映了技术创新促进经济发展的思想。卡尔·马克思认为，生产力是社会发展中最活跃最革命的因素，生产技术与生产方式的不断变革是人类历史发展的重要推动力。虽然上述两位伟大的经济学家都意识到了"技术创新"的重要性，但并未对其进行系统上的理论阐述。之后，约瑟夫·熊彼特于1912年出版了那部影响深远的《经济发展理论》一书，在书中提出了"创新理论"，指出经济的发展在于创新。此后，熊彼特又分别于1939年和1942年出版了《经济周期》《资本主义、社会主义与民主》两部专著，对创新理论进行进一步的补充与完善，并逐渐形成了以创新理论为核心的创新经济学理论体系。约瑟夫·熊彼特的创新理论认为，所谓"创新"，就是一种新的生产函授的建立。即实现生产要素与生产条件的一种前所未有的新结合，并将其引入生产体系。他认为，创新一般包含五个方面的内容：①制造新的产品（制造出尚未为消费者所知晓的新产品）；②采用新的生产方法（采用在该产业部门实际上尚未知晓的生产方法）；③开辟新的市场（开辟国家和那些特定的产业部门尚未进入过的市场）；④获得新的供应商（获得原材料或半成品的新的供应来源）；⑤形成新的组织形式（创造或者打破原有垄断的新组织形式）。

以熊彼特的创新理论为发源，经过众多追随者对其进行不断的演化、发展，逐渐形成了技术创新理论研究的新古典学派、新熊彼特学派、制度创新学派与国家创新系统学派等。其中，①新古典学派以罗伯特·索洛（Robert Solow）等学者为代表，研究了技术进步与经济增长的关系，并开展了技术创新中政府干预的影响研究，但其把技术创新的过程看做一个"黑箱"，将技术进步视为一个外生变量；②新熊彼特学派以爱德温·曼斯菲尔德（Edwin Mansfield）、莫尔顿·卡曼（Mortonl Karmien）、南希·施瓦茨（Nancy L. Schwartz）等学者为代表。与新古典学派不同，新熊彼特学派将技术创新视作一个相互作用的复杂过程，对"黑箱"的内部作用机制——技术推广与扩散、技术创新与市场结构等问题进行了深入研究，但由于该学派的研究假设是建立在完全竞争市场的前提之下，对于现实的经济解释存在局限性；③制度创新学派以兰斯·戴维斯（Lance Davids）和道格拉斯·诺斯（Douglass North）等学者为代表，该理论对技术创新和制度创新之间的关系进行了深入剖析，认为经济增长的关键在于能够创立一种对个人进行有效激励的制度，新技术的发展必须要建立一个系统的产权制度，以使得创新的个人收益不低于社会均衡收益水平。但制度创新学派所研究的制度仅仅拘泥于金融制度、工会制度等具体制度，忽视了对社会政治制度的研究；④国家创新系统学派以克里斯托夫·弗里曼（Christophe Freeman）、理查德·纳尔逊（Richard Nelson）等学者为代表，认为创新必须由国家创新系统推动，不能仅仅是企业或企业家的"孤军作战"。他们认为技术创新必须与政府职能相结合形成国家创新系统，强调国家在推动技术创新过程中的重要作用。但国家创新系统学派的研究结论是仅以日本、美国等少数资本主义国家为例进行的研究，并且缺乏对不同国家创新系统差异性的比较研究。

熊彼特及其追随者所开创的技术创新理论（technical innovation theory）阐明了技术创新在经济增长中的重要作用，揭示了实现创新所需要的外部制度环境与市场条件，以及政府干预、企业家群体在此过程中的影响。技术创新理论构成了本书研究的理论架构基础。

2.1.2 企业资源理论

1984 年，沃纳菲尔特（Wernerfelt）在其《企业的资源基础论》中指出，企业是资源的集合体，由于内部资源禀赋的差异而呈现出异质性的特征。该篇论文的发表，意味着企业资源理论（enterprise resource theory）的诞生。与传统的把企业视为同质的新古典经济学观点不同的是，企业资源理论主张从企业的内部因素角度来研究其战略竞争优势。企业的竞争优势关键来源于其所拥有或控制的具备价值性、稀缺性、难以被模仿及替代的异质性资源，这种资源的异质性将长期存在，使得企业的竞争优势也呈现可持续性。一般的，企业资源是指企业所拥有或者控制的，对企业发展具有积极作用的一切要素。沃纳菲尔特的观点认为，资源可被界定为半永久性附属于企业的有形与无形资产，这些资源在企业之间是不可流动，且难以复制的。而现代资源观之父，杰恩·巴尼（Jay Barney）则将企业资源看作是企业拥有的能够提高其战略效果的所有资产、能力、组织流程、信息、知识等，他将企业资源分成金融资本、实物资本、人力资本与组织资本四大类。

由此可见，企业资源理论中对于资源的界定是较为宽泛的。但，并不是任何一种资源都可以驱动企业技术创新能力的提升。最能够体现企业的核心竞争力——技术创新能力的关键性资源应是企业所拥有的专有技术、专利权等无形资产。无形资产作为一种有价值的、稀缺的、难以被模仿并不可替代的异质性资源，可以使企业区别于市场中的竞争对手，获得持续性的先发优势。而创新投资这一类特殊性的企业投资，是其进行技术创新活动，形成企业无形资产这一竞争优势资源的先决条件与必备渠道。企业资源理论构成了本书研究的理论支撑之一。

2.1.3 投资者情绪理论

经典的金融学理论建立在"完全理性人"与"市场有效性"这两个基本前提假设的基础上，利用一般均衡分析、无套利分析演绎出一套较完美的现代金融学理论。"完全理性人"的基本假定意味着，在面对同样的市场信息时，"理性"投资者的反应会趋于一致，他们能够对金融资产的价值做出合理而准确地评估。即使在一定程度上存在某些非理性的投资者，但由于他们的数量极少，且相互之间的交易是随机的，并且市场存在大量理性的套利者，这些均会消除非理性投资者对于股票价格的影响[①]。因此，在有效市场中，金融资产的价格由理性投资者决定。资本的实际市场价格等于基本价值，股票价格的变动主要来源于基本价值信息的变动，如估值水平、宏观环境等。但随着金融市场的发展及对金融学研究的不断深入，传统的金融学理论并不能很好地解释资本市场上的诸多金融"异象"，如：小公司效应（Banz，1981）、过度反应与反应不足（De Bondt & Thaler，1985；Jegadeesh & Titman，1993）、股票溢价之谜（Mehra & Prescott，1985；Campbell & Cochrane，1999）、封闭式基金折价之谜（Lee，Shleifer & Thaler，1991）等。而结合认知心理学、行为科学的行为金融学理论拓宽了理性人假设，能够较好地解释上述金融"异象"，并对传统的金融学理论进行了修正与创新。行为金融学由此得到蓬勃发展，成为金融投资学领域引人瞩目的新兴、重点研究领域。

---

① 张峥，徐信忠. 行为金融学研究综述 [J]. 管理世界，2006（9）：155－167.

　　行为金融学理论的基本观点认为，资本市场中的投资者并非完全理性，其信念与行为具有异质性。正是因为异质性的存在，从而导致现实的资本市场中存在这些收益异象与大量的非理性泡沫。随后，针对经典的金融学理论中关于封闭式基金折价这一金融异象给予的解释不足，李等人（Lee et al，1991）基于噪声交易理论提出了投资者情绪理论，对封闭式基金折价现象给予了较为全面的解释，即，封闭式基金的持有人中多为噪声交易者，噪声交易者对于未来收益的预期很容易受到主观认知偏差等不可预测因素的影响。当噪声交易者对基金未来收益持乐观态度时，基金的交易价格上升，出现基金溢价；当噪声交易者对基金未来收益悲观时，基金的交易价格下跌，出现基金折价。因此，持有封闭式基金的风险包括资产价值波动和噪声交易者情绪波动这两种风险。因为封闭式基金在封闭期限内不可赎回，投资者持有封闭式基金的风险比持有投资组合基金的风险更大。如果噪声交易者的风险是系统性的，理性投资者将要求赔偿，封闭式基金的市场价格应低于投资组合的净资产价值，导致封闭式基金的长期折价交易现象①。

　　投资者情绪理论（investor sentiment theory）的观点认为，不完全理性的投资者对市场信息错误的认知与感受将通过其非理性行为表现出来，并反馈于市场价格中，形成互动关系。同时有限套利的存在加强了上述的互动关系②。投资者情绪反映了投资者对于资产价格的总体乐观抑或悲观的态度，股票的价格既包括公司的基本价值，又包括市场投资者的主观心理偏差（Brown & Cliff，2004）。投资者情绪对股票收益的影响不仅有总体效应，也具有截面效应（Malcolm & Jeffrey，2006）。

　　经济理论与史实均已经证明，投资者情绪对企业的资本投资行为存在重大影响，投资者情绪理论构成了本书的主要理论支撑。

---

　　① 田业钧. 中国封闭式基金折价问题研究——基于封闭式基金仓位的实证分析 [J]. 经济研究导刊，2009（8）：154–157.

　　② 伍燕然，韩立岩. 投资者情绪理论对金融"异象"的解释 [J]. 山西财经大学学报，2009（2）：95–100.

2.1.4 信息不对称理论

传统的经济学理论有一条重要的前提假设条件——"完全信息假设"，即假设市场中的"经济人"均拥有完备的信息，但这显然与现实并不相符。在真实的市场环境中，行为主体不仅不可能具备完全信息，而且发现信息的能力也是有限的，这种信息的有限性导致行为主体的决策行为会面临许多的不确定性。信息不对称理论（asymmetric information theory）诞生于这种现实世界与传统理论的直接冲突中，弥补了传统经济学理论的漏洞，象征着经济学开始从建立在许多严格假设基础上推导出来的许多脱离实际的一套"空中楼阁"似的理论模型向基于现实经济生活的理论解释位移，具有革命性的意义。信息不对称理论的观点认为，市场经济活动中的各行为主体所拥有的信息在数量与质量上均存在差异，拥有充分信息的人往往处于支配地位。市场的卖家比买家更多的了解商品的各种信息，掌握信息较多的一方可以通过向市场中信息较少的一方传递信息而从中获益，而既有信息量少的一方将试图从另一方获取更多的信息，市场的信号传导可以在一定程度上缓解信息不对称问题。信息不对称的表现形式上主要体现在占有源不对称、获取时间不对称、个人决断能力不对称和信息不确定性。信息不对称问题会引致道德风险和逆向选择。委托代理理论的产生正是基于信息不对称问题的存在。在企业的财务经营决策中，经营管理者作为内部人占据绝对的信息优势，外部投资者不涉及企业具体经营，难以了解企业的状况，也难以进行监管。和外部的投资者相比，管理者更能可靠预测企业未来状况。信息不对称问题存在，而市场有效性的缺失更使得信息的不对称加剧，特别是在中国新兴的资本市场环境下，有效性较弱，相关信息披露机制并不完善。相对于公司的管理者，外部的投资者处于信息劣势，在进行投资时只能依据企业公开的信息对其进行投资决策，不能了解企业的真实情况，因此，易导致决策偏误。

基于信息不对称理论，企业的研发创新项目往往涉及企业的核心科技，保密度较高，并且研发投入的高不确定性和收益滞后性，加大了投资者获取研发项目投资的真实信息。管理者在占据研发投入活动信息优势下，对研发项目的选择上操纵性更大，并且其相应决策对投资者的影响性更大。因此，信息不对称对投资者和管理者在研发投入上的影响会尤为显著。并且，信息不对称也是导致企业存在融资约束问题的重要原因。首先，从投资者的角度看，企业拥有他人所不了解的私有信息，投资者没有办法基于足够的信息去评估投资项目的成本和收益，投资风险增加。因此，与信息不对称相关的道德风险和逆向选择问题会影响投资者的投资决策，导致研发投入不足的问题产生。其次，就企业而言，资本作为一种稀缺资源，信息不对称会使其在融资过程中的成本增加，影响其研发决策和投资行为①。信息不对称理论构成了本研究的理论支撑之一。

2.1.5　迎合理论

迎合理论（catering theory）的思想最早萌芽于隆（Long，1978）关于公司迎合性现金股利政策的研究。其后，贝克和沃格勒于2004年提出股利迎合理论，认为管理者股利的发放政策主要依赖于投资者对股利的需求性质，当投资者愿意花更高的价格购买那些发放现金股利的股票时，理性的公司经理人就会迎合投资者需求，选择发放现金股利；反之，当投资者愿意花更高的价格购买那些不发放现金股利的股票时，经理人会迎合这种需求而不发放现金股利。迎合理论侧重于探讨投资者对股利的偏好，认为投资者情绪能够影响其对股利的偏好。结合行为财务学理论，由于认知偏差及信息不对称问题的存在，投资者的非理性情绪对于股价的影响较大。理性的管理者出于迎合

---

① 金江，麦均洪，郑西挺. 政治关联、社会资本与企业研发投入——基于信息不对称的视角[J]. 学术研究，2016（2）：95 – 102.

投资者情绪，会引致企业的财务决策发生扭曲。管理者在信息缺失情况下，对投资者情绪的迎合更为严重。当资本市场上的投资者情绪较为高涨时，管理者为迎合投资者会选择 NPV < 0 的投资项目；相反，当资本市场上的投资者情绪低落时，管理者为维持股价会放弃 NPV > 0 的投资项目。同时，迎合理论表明，公司经理人迎合的是所有投资者反映在市场价格中的情绪，而不是某一类投资者。

针对创新投资而言，企业的创新投资项目由于高度的信息不对称性与不确定性，在投机性较强的资本市场环境中极易被误定价①。出于自利考虑，理性的管理者为了维持或者推高短期股票价格，可能会迎合投资者的情绪调整相应的创新投资决策。冬梅（Dongmei，2006）、东等人（Dong et al，2007）、肖虹和曲晓辉（2012）等的研究均支持了 R&D 投资的迎合假说。由此，迎合理论构成了本书研究的理论支撑之一。

2.1.6 情绪感染与情绪协调理论

很早就有学者关注到，人们会通过捕捉他人的情绪来感知周围人的情绪变化。古斯塔夫·勒庞（Gustave Le Bon）于 1989 年提出情绪感染理论（emotional contagion theory）。他指出：人们的情绪与行为能够在群体中传染扩散。通过信息的交流和传播，人们获得相同的认知，使得群体的情绪和行为趋于一致。社会情绪及行为可以塑造个体的情绪与行为。其后，哈特菲尔德等人（Hatfield et al，1993）的研究认为，互动过程中的个人会自动和连续地模仿、同步他人的面部动作、声音、手势、动作和行为，积极和主动的把握对方的情绪状态和情感意义的表达，并以此调整自己的情绪状态，最终使双方的情感趋于一致，他们把这一过程界定为情绪感染。广义上说，情绪感染可被认

---

① 肖虹，曲晓辉. R&D 投资迎合行为：理性迎合渠道与股权融资渠道？——基于中国上市公司的经验证据［J］. 会计研究，2012（2）：42－49.

为是一种情绪体验的过程（Hoffman，2002），通过他人的情绪激发，最终可以使接受者与情绪激发者的情绪趋于一致[①]。

投资者和管理者作为资本市场中的行为主体，投资者情绪这一社会影响的波动会使股票价格发生波动，管理者作为决策个体，必然会对股价波动做出反应，从而受到投资者情绪的影响（花贵如，2010；余丽霞和王璐，2015）。具体表现为：积极的投资者情绪会促使股价提高，并能够感染管理者，使得管理者对企业未来的发展过于自信或乐观，高估投资项目的收益，低估风险，导致投资过度；而消极的投资者情绪会使得股价跌落，管理者受此感染，悲观估计投资项目，引致投资不足。因此，受投资者情绪感染的管理者会激发同质情绪，进而对企业投资项目的评价与决策产生影响（王海明和曾德明，2012）。现实中，资本市场中投资者的高涨或低落的情绪会导致股票价格严重背离公司内在价值，造成股市非理性泡沫。当市场中的投资者情绪通过群体之间的相互感染而集聚到一定程度时，会通过股票市场这一信号传导媒介把同质情绪传输给作为个体的管理者，并诱发个体的同质情绪。因此，高涨（乐观）的投资者情绪会通过情绪感染进一步激发（塑造）公司管理者的过度自信（乐观）心理或者情绪，使其更加低估投资的未来风险，高估投资的预期价值，从而更积极地进行高风险的投资与扩张活动（花贵如，2010；王海明和曾德明，2012；靳光辉等，2016）。因此，基于情绪感染与协调理论可知，投资者情绪可以通过群体间的情绪感染形成聚合力并诱发企业管理者的个体情绪，管理者有限理性行为使得企业财务决策会受到投资者情绪影响。而企业的创新投资活动由于其异于一般性投资的高信息不对称、高估值主观性及高风险性的特质，更易受到投资者非理性情绪的影响，对于管理者同质情绪的感染或塑造程度会更大。由此，情绪感染理论构成了本书研究的理论支撑之一。

---

① 王潇，李文忠，杜建刚. 情绪感染理论研究述评［J］. 心理科学进展，2010（8）：1236 - 1245.

　　随着行为金融理论的不断延伸发展，理论界已经广泛认同行为主体的决策会受到主观意识及情绪等非理性因素的影响，即投资者情绪的存在性问题，继而学者开始转向研究投资者情绪引致的股票错误定价对企业资本投资造成的影响（花贵如，2010）。鉴于目前直接针对投资者情绪影响企业创新投资的研究极为匮乏，立足于文章的研究主题，本章余下内容分别从以下两方面进行文献回顾和述评。

2.2　投资者情绪与企业投资的研究述评

2.2.1　投资者情绪及其量化指标

　　关于投资者情绪领域的研究，首先是对投资者情绪这一指标的量化与度量。在行为金融学里，投资者情绪代表的是投资者的非理性行为与有限套利导致的证券价格价值偏离的一种市场现象。因此，传统的衡量投资者情绪的方法是通过研究资本市场中投资者的非理性行为来推演投资者的心理特征，这种方法虽然不能对投资者情绪的形成机理进行深入研究，但对投资者心理变化的刻画却具有典型性代表，以此为基础学者们对传统指标进行了拓展，形成了一系列测度投资者情绪的指标，但迄今并未形成较为权威、统一的量化指标。正如贝克等人（Baker et al，2006）中所言，"虽然已有不少学者采用多种操控性计量指标衡量投资者情绪，但尚无完美的解决，关乎此问题的研究仍然是一个严峻的考验"。根据指标的构造来源与性质分类，主要有主观指标（直接测度）、客观指标（间接测度）及复合指标（综合测度）。详见表 2-1。

表 2 – 1   投资者情绪的测度指标

	指标	文献
主观指标	个体投资者协会指数（AAII）	Fisher & Statman, 1999；Brown & Cliff, 2005
	消费者信心指数（CCI）	Fisher & Statman, 2000；Qiu, 2004
	投资者智能指数（III）	Solt & Statman, 1988；Clarke & Statman, 1998；Fisher & Statman, 2000；Brown & Cliff, 2005
	CBSI（Consensus Bullish Sentiment Index）指数	Solt & Statman, 1988；Sander et al, 1997
	分析师情绪指数	Berstein & Pradhuman, 1994；Fisher & Statman, 2000；林翔, 2000；宋逢明, 2002；饶育蕾和刘达峰, 2002；宋军和吴冲锋, 2003
	央视看盘指数（BSI）	王美今和孙建军, 2004；饶育蕾和刘达峰, 2003；韩泽县和任有泉, 2006；韩立岩和伍燕然, 2007
	好淡指数	程昆和刘仁和, 2005；于全辉, 2009
	投资者信心指数	薛斐, 2005；韩泽县和任有泉, 2006
客观指标	封闭式基金折价（DCEF）	De Long et al, 1990；Lee et al, 1991；Neal & Wheatley, 1998；Swaminathan, 1996；Brown, 1999；Pontiff, 1997；Baker & Wurgler, 2004；张俊等, 2001；黄少安和刘达, 2005；伍燕然和韩立岩, 2007
	IPO 发行量及首次收益率	Cornelli & Ljungqvist, 2006；王春峰, 2007；韩立岩和伍燕然, 2007
	共同基金净赎回	Neal & Wheatley, 1998；Brown & Cliff, 2005
	基金资产中现金比例	Brown & Cliff, 2004, 2005
	股票动量指标	Jegadeesh & Titman, 1993；吴世农和汪强, 2009；花贵如等, 2010
	股票新增开户数	韩立岩和伍燕然, 2007；孔令飞和刘轶, 2016
	市场流动性	Baker & Stein, 2002；Zhikun Li, 2003；刘红忠和张昉, 2004
	交易量（股数或金额）	Jones, 2001；Scheinkman & Xiong, 2003；Baker & Stein, 2004；Baker & Wurgler, 2006
	未来实现的股票回报	Fama, 1998；Mitchell & Stafford, 2000；Baker, Stein & Wurgler, 2003
	内幕交易	Seyhun, 1998；Baker & Wurgler, 2007
	操控性应计利润	Sloan, 1996；Teoh et al, 1998；Chan et al, 2001；Polk & Sapienza, 2006

续表

指标		文献
复合指标	市场层面综合指标	Brown & Cliff, 2004；Baker & Wurgler, 2006；Baker et al, 2009；易志高和茅宁, 2009；蒋玉梅和王明照, 2010；曲晓辉和黄霖华, 2013；黄宏斌等, 2016
	个股层面综合指标	刘志远和靳光辉, 2013；靳光辉, 2015

资料来源：作者整理。

1. 主观指标。

主观指标是通过问卷调查、电话随访等形式直接反馈投资者对下期市场行情的评价与态度，是一种主观性评价指标，具有直接性与事前性特征[①]，通过这种指标可以了解投资者对市场行情未来发展趋势的判断以及预期变化。

国外文献衡量投资者情绪的常用主观指标有美国个体投资者协会指数（AAII）、消费者信心指数（CCI）、投资者智能指数（III）等。美国个体投资者协会指数（AAII）是通过问卷调查的方式，由协会内部会员回答问卷中对下一期 6 个月股市的个人看法，反映个体投资者的情绪变化。费舍尔和斯特曼（Fisher & Statman, 1999）在对 AAII 进行分析时，以调查对象中持乐观态度人数比例作为投资者情绪的度量指标，发现其能有效反映市场交易者的预期变化；消费者信心指数（CCI）是从电话调查的随机抽样样本中得出衡量消费者对于未来经济与市场信心强弱的一种主观评价指标。邱（Qiu, 2004）以 CCI 作为投资者情绪的代理变量，研究发现，CCI 比封闭式基金折价能够更好地解释投资者情绪；投资者智能指数（III）是对每周证券分析师在各种报纸（超过 130 家报纸）上对股市进行看涨、看跌和看平评论来统计分析师情绪，用看涨百分比与看跌百分比的差额作为投资者情绪的替代指标，反映机构投资者情绪的变化。布朗和克利夫（Brown & Cliff, 2002）以 III 测

---

① 易志高，茅宁. 中国股市投资者情绪测量研究：CICSI 的构建 [J]. 金融研究, 2009 (11)：174 – 184.

度投资者情绪对股票的长期收益，通过构造资产定价模型进行实证检验发现投资者情绪能显著影响金融资产定价，并且投资者情绪与未来 1～3 年的股票收益负相关。

国内文献关于投资者情绪的主观度量指标常用的有央视看盘指数（BSI）、好淡指数等。央视看盘指数（BSI）是由中央电视台网站中的"央视看盘"专栏从 2001 年开始，按照看涨、看跌和看平三种观点调查证券公司与资讯机构对后市的预测，反映机构投资者情绪的变化。饶育蕾和刘达锋（2003）通过"央视看盘"的预测，用看涨投资者人数除以看涨与看跌投资者人数总和构造 BSI 指数，检验发现 BSI 指数与未来股市收益率之间并不存在显著相关性。王美今和孙建军（2004）以 BSI 衡量投资者情绪，发现投资者情绪与沪深两市的股票收益显著相关。好淡指数（好友指数）是《股市动态分析》杂志社每周五根据采访者对未来股市涨跌的主观评价编制的指数，被访对象由不同区域的各类人员 50 人组成，以证券从业者为主，因此好淡指数同样主要代表机构投资者情绪的变化。于全辉（2009）以好淡指数作为投资者情绪的替代变量，通过样本期间内股市行情上升、下降两个阶段分析了投资者情绪和上证综指之间的联系。

此外，还有通过调查得到的，包括个人和机构投资者对未来股市和投资预期的信心数据来测度投资者情绪的一些指标。如，国外的投资者信心指数（UBS/Gallup）、国内"耶鲁——CCER 中国股市投资者信心指数"和"巨潮投资者信心指数"等。

上述国内主观指标的构造主要是基于对机构投资者的多空调查，反映机构投资者的情绪，缺乏类似国外美国个体投资者协会指数（AAII）那种对个体投资者情绪的调查，因此，国内关于投资者情绪的实证研究局限于以机构投资者情绪为变量的基础之上。主观指标能够直接、及时地测度与反映投资者情绪，但存在固有的缺陷。其一是主观指标的来源多是通过问卷调查等形式获取，存在样本容量较少、抽样存在偏差、被调查对象存在主观刻意干扰等因素，使这种指标的样本选择的代表性与度量准确性受到质疑；其二，基于人的"后悔厌恶"心理，投资者在实际投资决策中可能并不会按照其情绪行事，根据直接调查数据得到的投资者对于市场的预期信心或情绪未必能反映投资者在进行投资决策时的真实情绪（Fisher et al，2000）。因此，还需要从其他方面来考虑并设计测度指标。

2. 客观指标。

与主观指标的直接性评价不同，客观指标采用市场中公开的客观数据来反映投资者情绪，这种间接性度量包括从金融市场中收集能够表征投资者情绪的交易数据，或者通过统计市场上能够反映投资者情绪的交易数据构建投资者情绪指数，具有间接性与事后性特征。国内外研究中常用的指标有封闭式基金折价（CEFD）、IPO 发行量及首次上市收益率（IPORET）、共同基金净赎回指标、股票动量指标、股票新增开户数等：封闭式基金折价率（CEFD）指标是用封闭式基金的（市场价格 - 实际净值)/实际净值这一比值衡量投资者情绪。由于封闭式基金在封闭期内不能被申购与赎回，所以其交易价格反映了投资者对于未来资产价格的预期。当折价率下降，表示投资者对于未来资产价格持乐观态度，较看好公司的预期盈利能力，反之亦然。贝克和沃格勒（Baker & Wurgler，2004）验证了封闭基金折价反映市场投资者情绪的有效性。封闭式基金折价率指标也是应用较多的一种测度投资者情绪的指标；IPO 发行量及首次收益率（IPORET）指标是通过人们的市场投资经验来反映投资者情绪。IPO 发行量或首次上市收益率高，则说明投资者整体趋于乐观，情绪较高涨，反之亦然。科尔内利和江韦斯特（Cornelli & Ljungqvist，2006）认为当外部投资者的情绪高涨时，IPO 就较可能发生，投资者情绪能够显著影响新股发行与发行价格；共同基金净赎回指标是用共同基金买入与赎回量之差来衡量个体投资者对于股市的信心。差值越小，代表投资者信心越强，情绪越高涨。尼尔和惠特利（Neal & Wheatley，1998）研究发现，相对于大盘股，共同基金净赎回指标对小盘股未来收益的预测能力更强。布朗和克利夫（Brown & Cliff，2005）则发现与小盘股相比，该指标与大盘股未来收益显著正相关；股票动量指标是基于杰加迪西和蒂特曼（Je-

gadeesh & Titman, 1993）的研究发现，过去的股票收益往往表现出正的序列
相关性，即存在动量效应。而这种动量效应被证实是由于投资者群体非理性
的"误定价"所致（Daniel et al, 1998；Barberis, Shleifer & Vishny, 1998；
Hong & Stein, 1999），并且这种动量效应在半年期内显著存在，超过半年会
发生反转（周学琳，2002；吴世农和吴超鹏，2003；罗洪浪和王浣尘，2004；
徐信忠和郑纯毅，2006；沈可挺和齐煜辉，2006）。因此，行为公司财务学领
域的相关研究用股票动量指标作为投资者情绪的替代指标来检验股票"误定
价"对于公司投资决策的影响；股票新增开户数指标是用股票市场中投资者
新增加的股票交易账户数量反映投资者投机的需求和对于市场预期的判断。
若投资者情绪乐观，入市热情就会高涨，开户数量就多，反之亦然。韩立岩
和伍燕然（2007）提出可以用交易所的月新增开户数衡量投资者情绪。孔令
飞和刘轶（2016）使用股票新增开户数度量了个人与机构投资者情绪指标，
实证检验了投资者情绪对于证券分析师盈余预测行为的影响。

上述客观指标利用市场上的客观交易数据来测度投资者情绪，虽然在一
定程度上克服了主观性指标存在的样本选择及主观性误差，但也存在一些固
有缺陷，如，客观指标以客观的视角来刻画行为主体的心理因素缺乏强有力
的解释力，且该指标的测度具有一定的时滞性。

3. 复合指标。

复合指标是用统计学方法，如主成分分析法把多个主观或客观指标进行
整合、构建的综合性替代指标。相比主观指标和客观指标仅能从某一方面反
映个体投资者或者机构投资者单一的投资者情绪，复合指标涵盖了对于投资
者情绪的多个维度的测度指标，能够克服单一性指标的度量偏差，可以较全
面地对投资者情绪进行测度（易志高和茅宁，2009），现已被广泛运用并成
为投资者情绪度量指标研究的未来发展方向。投资者情绪不仅包括市场情绪，
还包括个股的情绪，但已有研究中所构建的复合指标较多的是市场层面的投
资者情绪指数，缺乏对于个股情绪指标的设计。

国外学者，布朗和克利夫（Brown & Cliff, 2004）运用主成分分析法和

卡尔曼滤波法提取了能够测度投资者情绪的主成分因子，构建出投资者情绪指数（BC）；贝克和沃格勒（Baker & Wurgler，2006）遴选了首次募股数量、首日股票收益率、封闭式基金折价、股利溢价、权益发行数量和纽约证券交易所周转率这六个指标构建了投资者情绪综合指数（BW）；贝克等人（Baker et al，2009）以证券市场较发达的六个国家的股票交易量、IPO 数量、波动收益以及 IPO 首日收益为基础进行"提纯"构建了国际情绪综合指标，研究发现投资者情绪在国与国之间的情绪传染中加速了国际资本流动。

国内学者，易志高和茅宁（2009）在对 BW 指标进行改进的基础上，融入能够反映中国资本市场投资者情绪的一些指标，如封闭式基金折价、市场交易量等；同时对居民消费价格指数等测度宏观经济的变量进行控制，构建了投资者情绪综合指数（CICSl）。刘志远和靳光辉（2013）参考戈亚尔和山田（Goyal & Yamada，2001）、张戈和王美今（2007）的做法，用股票动量指标、托宾 Q、权益市值账面比、年均日换手率分别与公司基本面变量进行回归后得到的残差作为单项指标，用主成分分析合成投资者情绪的综合指标，借此考察了投资者情绪对于企业非效率投资所存在的"恶化"与"校正"效应所受到股东持股比例、两权分离程度的调节作用。曲晓辉和黄霖华（2013）通过因子分析法对市净率、换手率、市盈率、新增开户数四个指标进行"提纯"构建了综合情绪指数，用以检验投资者情绪与信息披露、公允价值之间的关系。黄宏斌等（2016）借鉴了贝克和沃格勒（Baker & Wurgler，2006）的 BW 指标、易志高和茅宁（2009）的 CICSI 综合指数，用封闭式基金折价、市场交易量、IPO 数量、上市首日收益、消费者信心指数与新增投资者开户数这六个变量，运用主成分分析方法构建了中国股票市场层面的投资者情绪综合指标，并剔除了宏观经济因素在其中的影响，以此考察投资者情绪对不同生命周期阶段的企业融资选择及融资约束缓解效应的影响。

2.2.2 投资者情绪影响企业投资的作用机理——基于管理者理性视角

传统的财务理论认为，企业的投资决策取决于该投资项目的净现值。理性的公司经理人会根据对投资项目的前期调研、精准的净现值指标分析等进行最优投资，即把企业的有限资源配置于净现值大于零的投资项目上。然而，根据行为财务学理论，资本市场上存在大量的噪音交易者，他们的非理性行为会引致股价被高估或低估，影响企业财务决策，导致非效率投资行为。关于投资者情绪影响企业投资行为的研究大多依存于投资者非理性而管理者理性的研究框架下，主要侧重于从"股权融资渠道""理性迎合渠道"两条影响机理开展研究。

2.2.2.1 基于"股权融资渠道"的研究

20 世纪 30 年代，有关股权融资效应的研究已经展开。股权融资效应反映的是投资者情绪与企业投资之间的间接关系。传统的财务理论认为，股票价格反映了资产的边际产出即投资机会，股票价格与企业投资成正相关关系。在此基础上，逐渐形成了诠释股市与企业投资关系的托宾 Q 理论（Tobin，1969）。但，在 1929～1933 年美国爆发了严重经济危机、资本市场虚假繁荣泡沫破灭之后，凯恩斯和希克斯（Keyne & Hicks，1936）对股票价格与企业投资之间的关系提出了另一种解释。文章指出，由于股票价格中非理性因素的存在会导致企业权益融资方式与融资成本的改变，继而影响企业的财务决策与投资行为。施泰因（Stein，1996）首次提出了市场择时假说（market timing hypothesis），并为"股权融资渠道"（equity financing channel）的后续研究提供了基准模型。文章通过理论阐述了具有长期视野、以企业价值最大化为目标的企业经理人会利用市场上的非理性情绪进行择机发行或回购股票。具体来说，当市场上的投资者出现盲目乐观情绪时，企业的价值被过分高估，股价随之上扬，理性的经理人会适时发行股票。而当投资者整体情绪低落导致股价被过分低估时，经理人会适时回购股票。施泰因的研究表明，在不存在融资约束的前提下，投资者情绪可以改变管理者发行股票的时机，但并不会改变企业实际的投资项目与投资水平。随后，延续施泰因的研究逻辑，基于卡普兰和津加莱斯（Kaplan & Zingales，1997）构建的股权依赖 KZ 指数，贝克等人（Baker et al，2002）正式明确提出市场择时理论。文章中把样本公司按照股权依赖程度进行分组，研究后发现，存在严重融资约束且股权融资为主要融资渠道的公司，当高涨的投资者情绪使得股价被高估时，理性的经理人会适时增加股权融资，从而缓解融资约束，增加企业投资。即股价正向影响企业投资，且融资约束程度越高，企业投资对于股价波动的敏感性越强。贝克等人的研究首次为美国资本市场中的投资者情绪影响企业投资行为提供了证据检验。此后，吉尔克里斯特（Gilchrist，2005）用分析师的盈余预测作为投资者情绪的替代指标，检验结果表明，高涨的投资者情绪导致股价被高估，从而降低了新股发行的融资成本，这促使企业择机发行新股。常等人（Chang et al，2006）运用与贝克等人（Baker et al，2002）相似的研究设计，用澳大利亚的资本市场样本数据验证了投资者情绪影响企业投资的"股权融资渠道"的存在。

国内对此的研究主要有：刘端和陈收（2006a）基于中国上市公司的数据检验，通过引入市场择时理论考察了股票市场估价对于企业投资行为的影响。研究表明，股价与企业长期投资显著正相关，且企业越依赖权益融资，企业长期投资对于股价波动的敏感性越强。当投资者广泛高估企业价值时，相比长期投资，短期投资更易受到市场估价的正向影响。张戈和王美今（2007）通过实证检验也同样发现了中国资本市场存在股权融资渠道效应，但由于现行的证券发行审批制度的政策性约束，导致此影响效应存在传导时滞。肖虹和曲晓辉（2012）研究发现，在中国的制度背景下，投资者情绪主要通过股权融资渠道对企业 R&D 投资行为产生影响，而与理性迎合渠道并不显著相关。且这种影响的实施主体是终极控制人为民营的上市公司。

2.2.2.2   基于"理性迎合渠道"的研究

上述施泰因等学者的研究从理论上阐述了市场的非理性因素通过经理人的市场择时行为影响企业投资的作用机制。可以看出,"股权融资渠道"是一种间接的影响机制,隐含的前提是公司必须十分依赖外部股权融资,且公司经理人是理性的,并具有长期视野,持有与股东一致的价值最大化目标。那么,当公司内部资金充足、借债能力较强,并不需要从股票市场筹措资金用于投资时,投资者情绪仍会对其投资行为产生影响吗?波尔克和斯帕恩扎(Polk & Sapienza,2009)的研究给出了肯定的答案,并提出了投资者情绪影响企业投资行为的另外一种作用机制——"理性迎合渠道"(rational catering channel)。

波尔克和斯帕恩扎(Polk & Sapienza,2009)沿用施泰因(Stein,1996)的短期理论模型,以及贝克和沃格勒(Baker & Wurgler,2004)的股利迎合理论,通过理论建模得出结论,即对那些融资约束不强的公司,经理人出于自利动机会主动迎合投资者情绪进行投资。一方面,当信息不对称程度足够强时,潜在的投资者只能通过公司的投资行为评估企业价值,投资者的信念更新并非完全遵守贝叶斯法则。当投资者对于公司未来过度乐观时,若管理者此时拒绝投资于被投资者认可未来预期会盈利的项目(可能 NPV < 0),投资者会抛售公司股票造成股价下跌,管理者将面临被解雇的风险;另一方面,资产估值难度越大,投资者的误定价程度越高,投资者情绪对企业投资带来的影响也会越大。因此,管理者会主动迎合投资者高涨(低落)情绪进而增加(减少)企业投资,迎合程度取决于股东视野与信息不对称程度。其后,东等人(Dong et al,2007)研究了不同项目投资决策中公司经理人对市场迎合程度的差异,发现研发投入被市场认为具有更强的主观性和不确定性,投资者错误地估计公司成长性时,这类投资迎合投资者情绪是最有效的。类似的,格兰迪和李(Grundy & Li,2010)从经理人薪酬体系设计的角度考察了企业投资决策中迎合渠道的影响因素。巴夏穆萨(Baxamusa,2011)采用不

同的视角，同样考虑到经理人薪酬结构在非理性市场上对经理人投资决策的影响，实证研究表明，当企业经理人主动提高其自身股权持有比率时，企业的实际投资水平会显著上升，但他们的实证结果并未发现经理人迎合投资者市场情绪的迹象。

国内的研究主要有：刘端和陈收（2006b）采用市值账面价值比和非均衡估价指标作为投资者情绪的替代指标，发现我国上市公司的投资行为对市场估价的敏感性与经理人短视程度有关。经理人短视程度越大，公司投资受市场估计的影响越大，公司投资决策对市场错误定价的敏感程度越高。张戈和王美今（2007）研究发现在我国宏观经济政策与股票市场的反转时期，迎合机制占据主导地位。并且上市公司迎合投资者情绪并非是出于最大化短期股价的目的，而是基于操纵的目的。黄伟彬（2008）研究发现，股价的非理性波动对于企业真实投资存在作用有限的影响力。并且，这种影响主要通过理性迎合渠道产生作用，而非股权融资渠道。王亚平等人（2009）也发现研发投入之类的无形资产投入在迎合渠道中的特殊性，指出高成长性的企业会将通过市场时机选择获得的资金更多地投放到研发投入中去。吴世农和汪强（2009）研究发现，投资者情绪显著正向影响未来一期的企业投资。相对于熊市，这种影响在牛市更明显。并且，管理者的迎合行为主要通过长期股权投资这种方式。潘敏和朱迪星（2010）实证检验了我国上市公司经理人迎合倾向的主要因素。盈余预期不确定性和投机性是影响我国上市公司经理人迎合倾向的主要因素。朱迪星（2011）分析了研发投入与迎合渠道之间的关系，发现上市公司的经理人在进行投资决策时的确有明显的迎合市场的情绪倾向，并且研发投入强度高的公司，这一倾向会更加显著。刘志远等（2012）以控股股东视角考察公司的迎合性投资行为。研究发现，在股权集中的所有权结构下，存在控股股东的公司，依然有迎合投资者情绪的投资行为。且两权分离程度越高，迎合程度越强。肖虹和曲晓辉（2012）发现我国上市公司的 R&D 投入行为与理性迎合效应关系并不显著。朱朝晖和黄文胜（2013）检验了我国上市公司的无形资产投资的迎合效应，并发现这种迎合效应会受到融资约束与投资者短视的影响。张庆和朱迪星（2014）基于管理者持股这一公司治理机制视角的研究发现，管理层持股会显著抑制企业的迎合性投资，并且这种抑制作用在股价被高估或低估的不同方面存在非对称性影响。蒋玉梅（2014）通过剩余收益估值模型测度股票误定价程度，研究发现，投资者情绪影响企业投资的作用机制为"理性迎合渠道"，而非"股权融资渠道"，并且存在公司的"反迎合"投资行为，对于投资者情绪的敏感性具有公司特征上的横截面差异。靳光辉（2015）考察了薪酬激励对于管理者迎合行为的影响。研究发现，相对于高管持股比例与股票期权授予，高管持股激励强度对于高成长性的公司中的迎合行为存在显著正向调节作用。

综上所述，基于理性管理者的研究视角，投资者情绪影响企业实际投资行为的作用机理主要有间接的"股权融资渠道"和直接的"理性迎合渠道"。"股权融资渠道"的研究逻辑是，投资者情绪通过影响企业股权融资时机间接作用于企业投资行为。这意味着只有存在融资约束并强烈依赖股权融资的公司，其投资行为才有可能受到投资者情绪的影响。而"理性迎合渠道"的研究逻辑是，投资者情绪可能会直接作用于企业投资行为。即便公司具有有效的内部融资渠道，不必进行外部股权融资，但在外部股东治理压力下，管理者出于维持自身利益需要，会进行迎合性投资以维持或者推高公司短期股价，公司的投资行为依然会受到投资者情绪的影响。

2.2.3　投资者情绪影响企业投资的作用机理——基于管理者非理性视角

随着行为公司财务理论的不断演化发展，投资者情绪对于企业资本投资影响路径的研究也日益深入与丰富。并且，在真实的资本市场环境中，投资者和管理者是有限理性共存（Baker et al，2006）。忽视管理者的非理性因素在其中的影响将无法真实、全面地刻画企业投资行为背后的决策动机（花贵如，2010）。于是，诺夫辛格（Nofsinger，2003）、花贵如（2010）基于社会影响理论、认知失调理论、情绪泛化理论等社会心理学理论，彻底摒弃"完全理性人假说"，提出了"管理者乐观主义中介渠道"，即高涨的投资者情绪会通过塑造管理层的乐观主义倾向加大公司的资本投资。

诺夫辛格（Nofsinger，2003）研究发现，投资者情绪对管理者乐观主义的影响程度较大，并将影响管理者的财务决策。文章指出，投资者情绪在一定程度上可以作为其社会情绪的替代变量，管理者情绪作为个体情绪，容易受到投资者情绪这一社会情绪的影响，这种塑造作用对管理者的投资决策存在影响。谢夫林（Shefrin，2007）基于太阳能微系统的案例研究发现，高涨的投资者情绪会引致企业的股票价格被高估，进而导致管理者情绪过度乐观，对投资活动的选择产生严重影响。国内的学者，花贵如等（2010，2011）的研究表明，高涨的投资者情绪通过"塑造"公司管理者的乐观主义倾向影响企业投资。王海明（2010）通过逐步放宽"理性人"假设，分别在投资者非理性、管理者非理性、投资者与管理者均非理性的研究框架下考察对于企业资本投资的影响。黄莲琴和杨露露（2011）结合情绪感染理论的研究表明，我国资本市场上，投资者情绪波动较大，管理者在迎合投资者情绪的基础上做出投资决策，并且，管理层的过度乐观情绪加剧了这种影响。王海明和曾德明（2012）基于管理者过度自信中介效应视角的实证结果表明，投资者情绪对企业投资行为的影响过程中，管理者过度自信起到了部分中介的作用，即投资者情绪在对企业投资行为产生直接促进作用的同时，还通过塑造管理者过度自信最终导致企业投资水平的提升。花贵如等（2015）研究发现：机构投资者是投资者情绪影响公司资本投资的"助推器"，"管理者信心"是上述助推作用得以发挥的重要渠道。余丽霞和王璐（2015）研究同样发现，管理者过度自信是投资者情绪影响企业投资的部分中介渠道，并使得投资者情绪对于企业投资的敏感性增加。

在现实的资本市场环境中，管理者的过度自信（乐观）是较普遍存在的一种心理特质（Nofsinger，2005）。并且尤为重要的是，投资者情绪与管理者过度自信时常共存（Baker et al，2006）。因此，将二者的非理性因素纳入同一分析框架中考察情感介入对于公司财务决策的影响将是行为公司财务领域研究无法回避的问题，也是未来重要的研究方向。但目前国内外有关这一影响渠道的文献不多，实证方面的相关研究较为匮乏。

2.2.4 投资者情绪影响企业投资的经济后果

由于传统（经典）的金融理论无法对越来越多的资本市场"异象"给予合理解释，而行为金融理论基于人类判断决策的实际心理活动重新审视了市场中行为主体人的作用，对这些市场与收益"异象"能够给出较为完美的解答，人们开始逐渐接受并认可有限理性的思想，开始探讨市场中的一些非理性行为，行为金融理论得以蓬勃发展，而投资者情绪理论是行为金融学中重要的支柱之一。行为金融学派的观点认为，投资者情绪是众多有效市场出现市场失灵的原因之一（De Long et al，1990），市场中的投资者具有异质性的投资信念与认知偏差，往往会产生非理性行为，甚至影响整个金融市场。由此，学者们开始从各个角度研究投资者情绪所导致的经济后果。

国外学者，坎尼尔等人（Kaniel et al，2008）针对投资者情绪和短期收益反转进行了研究，发现投资者情绪包含的信息能够预测到未来的股票收益，这与过去收益存在显著差别；纳亚卡（Nayaka，2010）参照贝克和沃格勒的BW情绪指标模型，研究了投资者情绪对债券市场收益的影响，结果发现投资者情绪对债券收益有着显著影响，当投资者情绪高涨时，债券在未来一段时间内到期收益较高，而情绪低落时结果则相反。

国内学者，蒋玉梅和王明照（2010）从横截面和总体两个层面实证检验了投资者情绪对股票市场的影响。从横截面效用的研究发现，投资者情绪对股市影响有很大差异，资产负债率较高以及特征值较低的股票对投资者情绪敏感性较强。从总体效应来看，股票收益受投资者情绪系统性影响，短期内投资者情绪能促进收益，长期则会降低企业价值。花贵如等（2010）研究发现投资者情绪与上市公司的过度投资行为显著正相关，与投资不足行为显著负相关。投资者情绪对于资源配置效率存在"恶化"与"矫正"两方面影响，总体影响会降低企业的资源配置效率。张婷等（2013）通过构建中国内地、香港及台湾地区的月度投资者情绪指数，研究发现投资者情绪对股票收益率存在影响，造成价值溢价异象。刘志远和靳光辉（2013）研究表明，投资者情绪会影响企业的财务决策，导致非效率投资。并且这种影响会受到股东持股比例和两权分离程度的调节作用。崔晓蕾等（2014）从企业过度投资的研究视角，考察了投资者情绪对于资源配置效率的影响。研究发现，自由现金流量越多的公司，其过度投资行为受投资者情绪的影响越大。而融资约束程度越高的公司，其过度投资行为受投资者情绪的影响越小。杨中环（2013）以2006年的会计准则颁布为研究契机，针对2007～2009年披露研发支出信息的上市公司为样本，研究发现企业的创新投入具有价值相关性与滞后性；罗琦和张标（2013）研究发现，投资者情绪会导致企业的非效率投资行为，并且这种影响会受到公司股权特征的调节作用。张丞等（2014）以我国34家非上市商业银行为研究样本，研究了投资者情绪对银行风险承担的影响以及银行管理者乐观心理在这一过程中所起的作用。研究表明，投资者情绪与银行风险承担成显著的负相关，并且投资者情绪对银行风险承担的负向影响至少有一部分是通过"管理者乐观主义渠道"为中介实现的。杜勇等（2014）以投资者信心为中介，考察了董事会规模与农业上市公司价值，研究发现投资者信心对于农业上市公司价值存在显著正向驱动效应。杜军等（2015）通过实证检验企业的亏损扭转质量、投资者信心与公司价值三者之间的关系，发现投资者信心与企业价值存在显著促进作用。李江雁等（2016）以中国互联网上市公司为样本，研究发现了公司的创新能力对企业价值的正向影响作用。

通过回顾上述关于投资者情绪影响企业投资行为的已有研究（现有文献的研究框架如图2-1所示），我们发现：以往学者多数侧重从企业投资活动整体来进行研究，针对其中的企业创新投资这一类特殊性投资行为的相关文献较少，且不多的研究主要建立在管理者为理性人的前提假设下。由于创新投入活动的高风险、高估值主观性等特质使其更易受投资者情绪的影响，故从投资者情绪视角对企业创新投资的针对性研究颇具实际意义与价值，也是目前亟待解决的重要课题。

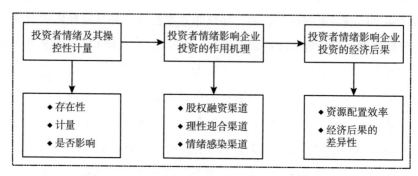

图 2 - 1　投资情绪影响企业投资行为的研究框架

资料来源：作者自制。

2.3　管理者过度自信与创新投资的研究述评

2.3.1　管理者过度自信及其量化指标

自罗尔（Roll，1998）和希顿（Heaton，2002）分别从理论上初步分析了管理者过度自信与企业投资行为之间的关系，相关的实证研究在一段时间内却相当滞后，关键原因在于很难找到可以衡量管理者过度自信的替代变量。茅曼第安和泰特（Malmendier & Tate，2005）首次采用替代指标量化表征管理者过度自信，随后的学者们开始逐步采用统计与计量研究方法，利用资本市场和上市公司公开的财务数据检验相关理论研究结果的合理性。

海沃德和汉姆布瑞克（Haywad & Hambrick，1997）从管理者过度自信的成因入手，采用三种方式来表征管理者的过度自信：一是用近期的股东回报来测量最近的组织成功；二是对有关 CEO 的主要报刊报道进行内容分析来测量媒体对 CEO 的赞扬；三是用 CEO 报酬与第二高报酬的管理者的报酬之比测量 CEO 的自我感知的重要性。文章研究认为，组织最近的成功、外界对 CEO 的评价以及 CEO 的自我感知是造成其过度自信的主要成因，因此，可用这三种方式来测度 CEO 的过度自信水平；海沃德和汉姆布瑞克的研究提供了从心理成因入手测量过度自信的新思路。正是因为影响个体过度自信的因素不同，才会造成个体在过度自信程度上的差异性。这种由因及果的方式具有一定的合理性，但其最大的困难在于有关个体过度自信的成因及影响因素的研究本身仍处于探索阶段，研究者们对管理者过度自信的成因也尚未形成一致的看法，因此以这种方式度量过度自信造成了极大的不便；林等人（Lin et al，2008）在研究日本上市公司的并购行为时，以公司过去的 ROA、ROE 和 CAR 来衡量管理者的过度自信程度。他们认为，如果公司过去的业绩较好，管理者的自信水平将会随之提高；反之，如果公司连年业绩不佳，管理者的自信心也会不断受到打击。姜付秀等（2009）借鉴海沃德和汉姆布瑞克提出的第三种度量方式——高管薪酬的相对比例来衡量管理者的过度自信；张敏等（2009）从"优于平均"的过度自信概念出发，以公司微观层面与宏观经济走势的匹配程度来度量管理者的过度自信。其认为，理性的管理者所做出的投资决策应当与宏观经济运行趋势一致，而过度自信的管理者则应当会背离宏观经济运行趋势。因此，其在研究中将宏观经济趋势初始阶段逆势投资操作，趋势结束阶段顺势投资操作的管理者界定为"过度自信"的管理者。侯巧铭等（2015）根据心理学中的自利归因理论提出了衡量管理者过度自信的"自利归因"方法，并通过对沪深 A 股上市公司的数据样本验证了其有效性，得出"自利归因"度量方法较之于现有方法对于管理者过度自信的识别更为宽泛与符合实际的结论。

此外，国内外学者还提出一些管理者过度自信的测度指标。归纳起来主要包括（详见表 2 - 2）：管理者个人特征（江伟，2010；余明桂等，2013；贾明琪等，2015；Ting et al，2016）、管理者持股状况（Malmendier & Geof-

frey，2005；郝颖等，2005；王霞等，2008；叶蓓和袁建国，2008；闫永海和
孔玉生，2010；饶育蕾和王建新，2010；李云鹤和李湛，2011；伍如昕，
2011；肖峰雷等，2011；陈其安和肖映红，2011；王海明和曾德明，2012；
张敏等，2012；郝佳蕴等，2014；林慧婷和王茂林，2014；韩静等，2016）、
管理者相对薪酬（Haywad & Hambrick，1997；姜付秀等，2009；伍如昕，
2011；郝佳蕴等，2014；翟淑萍等，2015；易靖韬等，2015；李诗田等，
2016；韩静等，2016）、管理者对企业的盈余预测偏差（Hribar & Yang，
2005；姜付秀等，2009；周杰和薛有志，2011；王山慧等，2013；林慧婷和
王茂林，2014；陈宝杰，2015；马璐和彭陈，2016）、管理者行权情况（Mal-
mendier & Geoffrey，2005a）、管理者的并购行为以及并购企业的当前业绩
（Aktas et al，2006；Doukas & Petmezas，2007；吴超鹏等，2008；饶育蕾和王
建新，2010；谢玲红等，2011）、管理者偏离校准的程度（Ben‐Davis & Gra-
ham，2007）、管理者身份（Barro & Silveri，2007）、自利归因行为偏差
（Doukas & Petmezas，2007；侯巧铭等，2015）、消费者情绪指数（Olver，
2005）、主流媒体对管理者的评价（Haywad & Hambrick，1997；Brown & Sar-
man，2007；Rayna & Neal，2007）、行业景气指数（余明桂等，2006）等。

表 2‐2 管理者过度自信的替代指标

指标	文献
主流媒体对 CEO 的评价	Haywad & Hambrick，1997；Brown & Sarman，2007；Rayna & Neal，2007
CEO 实施并购的频率	Aktas et al，2006；Doukas & Petmezas，2007；吴超鹏等，2008；饶育蕾和王建新，2010；谢玲红等，2011
消费者情绪指数	Oliver，2005
管理者持股状况	Malmendier & Geoffrey，2005；郝颖等，2005；王霞等，2008；叶蓓和袁建国，2008；闫永海和孔玉生，2010；饶育蕾和王建新，2010；李云鹤和李湛，2011；伍如昕，2011；肖峰雷等，2011；陈其安和肖映红，2011；王海明和曾德明，2012；张敏等，2012；郝佳蕴等，2014；林慧婷和王茂林，2014；韩静等，2016

续表

指标	文献
管理者的盈余预测偏差	Hribar & Yang, 2005；姜付秀等, 2009；周杰和薛有志, 2011；王山慧等, 2013；林慧婷和王茂林, 2014；陈宝杰, 2015；马璐和彭陈, 2016
管理者相对薪酬	Haywad & Hambrick, 1997；姜付秀等, 2009；伍如昕, 2011；郝佳蕴等, 2014；翟淑萍等, 2015；易靖韬等, 2015；李诗田等, 2016；韩静等, 2016
企业景气指数	余明桂等, 2006
管理者个人特征	江伟, 2010；余明桂等, 2013；贾明琪等, 2015；Ting et al, 2016
自利归因	Doukas & Petmezas, 2007；侯巧铭等, 2015

资料来源：作者整理。

2.3.2 管理者过度自信影响企业创新投资的实证研究

心理学研究认为，人并非完全理性。相对于普通人，公司的管理者更易表现出"过度自信"心理，且"过度自信"已被证明是一种较为常见的认知偏见（Hilary & Hsu, 2011）。管理者的过度自信心理会导致管理者过高估计自身能力，对项目成功的概率和公司未来的盈利预期盲目乐观，对企业的财务决策，尤其是投资决策产生重要影响[1]。目前，有关管理者过度自信影响企业创新投资的研究逻辑主要是基于过度自信心理会导致管理者高估项目的未来收益，低估未来风险。过度自信的管理者更愿意投资于高风险的创新投资项目，以彰显自身的决策能力与管理能力。西蒙和霍顿（Simon & Houghton, 2003）考察了管理者过度自信对高科技公司诸如产品引进等决策的影响，发现管理者过度自信与产品引进的开创性和风险性正相关，引入开创性产品的管理者更倾向于对获得成功表现出极度的自信；加拉索和西姆科（Galasso & Simcoe, 2011）基于美国公司样本数据的研究表明，管理者过

---

[1] Ting I W K, Lean H H, Kweh Q L, et al. Managerial overconfidence, government intervention and corporate financing decision [J]. International Journal of Managerial Finance, 2016 (1): 4–24.

度自信与公司的技术创新正相关，并且在竞争激烈的行业中更为显著；赫什利弗等人（Hirshleifer et al, 2012）对美国上市公司的实证研究表明过度自信的 CEO 倾向于更多的创新项目的投资，且创新成功率较高。进一步的研究表明，高科技行业中过度自信的管理者能够获得更好的创新成果。但与之结论相反的是，陈等人（Chen et al, 2014）对非预期 R&D 投资增长、CEO 过度自信以及公司长期绩效之间的关系进行了检验，结果表明只有非过度自信 CEO 公司的非预期 R&D 投资才能带来超额股票收益率和企业经营业绩的长期增长，得出过度自信带来的 R&D 投资可能会损害公司价值的结论。

国内对于管理者过度自信影响企业创新投资方面的研究尚处于起步阶段。闫永海和孔玉生（2012）以我国中小企业上市公司为样本，考察了上市公司总经理过度自信与研发支出的关系，认为总经理过度自信与研发支出显著正相关；王山慧等（2013）以 2002~2010 年沪、深两市非金融行业上市公司为研究对象，发现管理者过度自信显著影响企业技术创新投入，提高了企业的研发强度。且相对于非高科技和非国有企业，这种影响仅存在于高科技企业和国有企业中；马璐和彭陈（2016）以 2013~2014 年中国创业板 149 家上市公司为样本，考察了董事会人力资本对企业研发投入的影响，探讨了管理者过度自信在这一过程中的调节作用；翟淑萍和毕晓方（2016）以高新技术上市公司为研究样本，实证检验了管理层的自信程度与自信异质性对于公司双元创新投资的影响，以及环境不确定性在其中的调节作用；李诗田和邱伟年（2016）以制造业和信息技术业的民营上市公司为研究样本，研究发现过度自信的管理者所在企业的创新投入强度更高，但创新投入效率却更低。

图 2-2 是关于管理者过度自信影响企业创新投资的现有主流文献的主要研究逻辑。

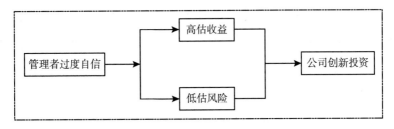

图 2 - 2 管理者过度自信影响企业创新投资的研究逻辑

资料来源：作者自制。

2.4 文献总结与述评——基于中国制度背景

近年来，依循主流财务学文献的发展轨迹，其研究方向发生了一系列显著的变化。其中之一便是学者们开始逐渐认可并将心理学、认知行为学等理论引入公司财务问题的研究范畴，尤其是关注资本市场中行为主体的心理因素对于企业资本投资决策的影响。投资者情绪理论的相关领域研究渐成行为财务学的研究热点。通过梳理已有相关文献，我们发现，目前从行为财务学视角研究企业创新投资的相关研究十分有限，关于投资者情绪，以及将投资者与管理者的非理性行为纳入同一分析框架的研究更是相对匮乏。

首先，有关投资者情绪影响企业投资的已有文献中，研究对象主要针对企业资本投资行为整体，有关投资者情绪对于企业创新投资这一类特殊的投资活动的影响因素研究较少，从"行为—结果"路径的系统性研究更是相对空白。为数不多的文献中，赵静（2014）虽然从管理者理性与非理性视角考察了投资者情绪对于企业研发投资的影响，但其并未考量在中国特殊的制度背景中企业所受到的制度约束，以及不同的投资者类型在此过程中存在的现实性影响。我国的资本市场中存在着众多特殊的制度安排，其中，"新兴 + 转轨"的双重特质使得我国上市公司主要由政府控制，政府有动机，也有足够的能力对上市公司的投资决策产生实质性影响（辛清泉等，2007；郝颖等，

2010；周中胜和罗正英，2011；花贵如等，2014）。例如，相对于非政府控制的上市公司，政府控制的上市公司对于管理者薪酬、股权激励等存在政策性约束，这会降低管理者个人收益与公司股票价格波动的关联性。并且，国有上市公司高管的政治晋升、在职消费等带来的租金成为管理者货币性薪酬的替代选择，使其对于资本市场反应的关注度要弱于非政府控制的上市公司。这必然削弱资本市场中的投资者情绪对于政府控制的上市公司的资本性投资的正向影响作用；同时，由于创新投资区别于一般投资的高风险性与盈利的滞后性，作为国有企业的管理者，基于政治晋升的考虑，会更倾向于投资能够提升其短期业绩的投资项目。因此，政府控制这一制度背景在投资者情绪影响企业创新投资的过程中应存在重要影响。此外，资本市场中存在着个人投资者与机构投资者两种异质的投资者类型，相对于缺乏经验的个人投资者而言，机构投资者通常被认为是相对理性的专家型交易者，因此，机构投资者持股水平不同的上市公司，投资者情绪并非同质，对于管理者心理与情绪（过度自信）的"塑造"程度也会存在差异。因此，机构投资者持股在其中存在的影响不容忽视。

其次，关于投资者情绪影响企业投资的现有文献中，大部分是建立在管理者为理性人的前提假设下，通过"理性迎合渠道"和"股权融资渠道"发挥影响。但资本市场的现实环境是投资者与管理者有限理性共存，彻底摒弃"完全理性人"假设，将投资者与管理者的非理性心理纳入同一框架下研究二者的共同作用，对于企业投资行为的影响将有助于更加深入地理解与刻画主体行为人的决策动机，也是行为公司财务理论发展不可或缺的重要研究领域。基于此，花贵如（2010）、黄莲琴和杨露露（2011）、余丽霞和王璐（2015）等学者已做出了有益的探索，但这些研究均将企业的资本投资活动视为同质。而其中的创新投资具有明显的异质性特征，风险性、不确定性、主观估值性与信息不对称性程度均高于一般的资本投资，这些特质也决定了其在中国投机性的股票市场环境中极易被误定价，投资者情绪对其的影响应更大，企业管理者的迎合性动机更强。因此，直接针对企业的创新投资，考察投资者与管理者的非理性行为对其存在的影响，将更易获得价值性的发现。

最后，关于投资者情绪影响企业创新投资的现有研究中，缺乏区分不同风险类型的创新投资的细化研究。根据卡曼和施瓦茨等学者们的研究，创新活动可分为探索式创新与开发式创新。相较之于开发式创新活动的常规性、渐进性，探索式创新这种激进性、革命性的创新方式具有更大的风险和不确定性，更加符合管理者过度自信心理特征的行为路径。翟淑萍和毕晓芳（2016）的研究发现，相对于开发式创新，管理者的自信程度显著提高了企业探索式创新活动。那么，投资者情绪通过激发与塑造管理者的过度自信（过度乐观）心理，进而影响企业的创新投资，对于不同风险异质的创新投资方式是否存在差异性影响？对此问题的研究仍相对空白。

第3章　理论剖析与研究假说

3.1 投资者情绪影响企业创新投资的理论剖析及
研究假说——基于管理者理性视角

3.1.1 投资者情绪影响企业创新投资的基本理论剖析

行为金融学理论打破了传统金融学理论中关于"理性经济人"的基本假说，认为资本市场中的投资者并非完全理性。而不完全理性的投资者对市场信息错误的认知与感受，将通过其非理性行为表现出来。当这种非理性行为（情绪/信念）具有很大的社会性时，会在社会互动机制作用下趋于一致，致使大家都犯相同的错误，并反馈于市场价格中，形成互动关系。投资者情绪反映了投资者对于资产价格的总体乐观抑或悲观的态度，股票的价格既包括公司的基本价值，又包括市场投资者的主观心理偏差（Brown & Cliff, 2004）。投资者情绪对股票收益的影响不仅有总体效应，也具有截面效应（Malcolm & Jeffrey, 2006）。经济理论与史实均已经证明，投资者情绪对企业的资本投资行为存在重大影响。那么，投资者情绪对于企业的创新投资这一类具有异质性特征的投资活动是否也存在影响？

基于信息不对称理论与委托代理理论的观点，在企业的投资决策中，管理者作为内部人占据绝对的信息优势，外部市场的投资者不涉及企业的具体经营活动，难以了解企业的真实状况，也很难进行有效监管。与外部的投资者相比，管理者具备信息优势，更能可靠预测企业未来状况，信息不对称问题严重存在。而市场有效性的缺失更使得信息的不对称程度加剧，特别是在中国新兴的资本市场环境下，市场有效性较弱，相关信息披露机制并不完善。相对于公司的管理者，外部的投资者处于极度信息劣势，在进行投资时只能依据企业公开的信息进行价值评估，易导致决策偏误。特别是企业的创新投资项目，因大多涉及企业的核心技术，保密度较高，具有天然的信息不对称性。并且创新投入的高不确定性和收益滞后性，加大了投资者获取创新投资项目真实信息的难度，投资者的认知偏差程度会更大。因此，投资者情绪对于公司创新投资方面的影响会更为显著。基于迎合理论的观点，由于存在认知偏差及信息不对称问题，投资者的非理性情绪对于股价的影响较大。理性的公司经理人出于自利动机等会主动迎合高涨（低落）的投资者情绪增加（减少）企业投资，扭曲财务决策，导致非效率投资行为。并且，投资项目的信息不对称程度越高，股票的误定价程度越高。管理者在信息缺失的情况下，对投资者情绪的迎合也会更为严重。针对企业的创新投资而言，由于创新投资项目具有高度信息不对称性、投资风险大、不确定性程度高、估值主观性等特质，更易导致投资者的错误定价，企业管理者利用此误定价借以维持或者推高公司股票价格的迎合动机会更强。

3.1.2 投资者情绪影响企业创新投资的机理分析与研究假说

3.1.2.1 投资者情绪与企业创新投资

根据行为公司金融学理论，投资者情绪对公司的投资决策存在影响。正如经济学家凯恩斯（Keynes）精辟的阐述：由于股票价格中非理性因素的存在而带来外部融资成本的变化，必然影响企业的投资行为。贝克等人（Baker et al，2002）在施泰因（Stein，1996）的市场择时理论基础上提出了投资者情绪影响资本投资的股权融资渠道，指出市场的错误定价会通过股权融资水平的波动来影响企业的投资决策。即，当高涨的投资者情绪导致公司股票被高估时，理性的经理人会择时通过股权融资缓解融资约束，增加企业投资。但是，股权融资渠道是否能够发挥作用的潜在前提是企业必须非常依赖股权融资，其借债能力较弱，股票市场应是其重要甚至唯一的融资来源。但是，现实中的资本市场情况对此给予了否定的答案。即便是在如美国这样极其发达的股票市场中，企业的融资来源于外部权益市场的平均不到2%。绝大部分的投资资金主要来源于内部积累与负债融资（Mayer & Sussman，2004）。而股权融资同样也并不是中国上市公司唯一或者说最为重要的投资资金来源渠道（Wang et al，2009）。另外，针对上市公司融资偏好的已有研究普遍发现，中国上市公司存在强烈的股权融资偏好。即使股价再低，上市公司仍会试图发行股票，这必然导致投资者情绪所引发的股票误定价与企业投资行为的敏感性降低，由此，企业的资本投资对于投资者情绪的敏感性主要来源应是"理性迎合渠道"，而非"股权融资渠道"（张戈和王美今，2007；黄伟彬，2008；潘敏和朱迪星，2010；蒋玉梅，2014）。特别是企业的创新投资活动，基于其投入的积累性、收益的不确定性等，很难制定一个完整的契约用以明确资金供需双方的权责，这使得企业创新投资的资金来源十分有限，主要依赖内源融资（Pence，1979；Huang & Xu，1998；Hall，1992；Himmelberg & Petersen，1994；Shyam & Myers，1999；唐清泉和徐欣，2010；唐清泉和肖海莲，2012；鞠晓生等，2013）。因此，"股权融资渠道"在投资者情绪对于企业创新投资的影响过程中，有效性不强。由此，余下的部分主要从管理者的"理性迎合"这一作用渠道来进行剖析投资者情绪对于公司创新投资所产生的影响。

波尔克和斯帕恩扎（Polk & Sapienza，2009）提出的投资者情绪影响公司实际投资的理性迎合渠道的作用机理是，对那些融资约束不强的公司，理性的经理人出于保护自身职位、最大化股权薪酬收益等自利动机会迎合投资者的非理性预期，进行影响公司的迎合性投资行为。资产估值难度越高，不透明程度越大，投资者的非理性情绪越强，股票的误定价程度越高，企业管理者利用误定价借以维持或者推高公司股票价格的迎合性动机会更强（Chirinko & Schaller，2001；Baker et al，2003；Baker & Wurgler，2004；Jensen，2005；Gilchrist et al，2005；Elisabeth & Volker，2007；Dong et al，2007；Polk & Sapienza，2002，2006，2008；Irwan & Risal，2011）。而企业的创新投资活动因为存在高度的信息不对称性、估值的高度主观性等特质，致使公司股票被误定价的程度更高，这为管理者提供了更多利用误定价的机会，管理者的迎合性行为会更强（Dongmei Li，2006；Dong et al，2007；朱迪星，2011）。由此，理性的公司经理人出于维持或者推高短期股票价格等动机，存在利用股票的误定价，迎合投资者的兴趣或信念预期而投资于新技术的倾向。其次，中国上市公司在技术创新活动中同样存在代理问题[①]，管理者是创新投资项目的决策者与主要执行者，且创新项目存在的高度信息不对称与估值难度，使得企业的管理者很可能会利用创新投资项目中的信息不对称滥用资源攫取私人利益，从而使得管理者有极大的私利迎合动机从事创新活动，加大创新投资水平（肖虹和曲晓辉，2012）。最后，已有研究已经表明，高涨的投资者情绪会通过改善企业的外部融资环境，降低企业的融资成本。并且高涨的投资者情绪带来公司股价高企的同时也会引致净财富及抵押资产价值的增加，增强公司的信贷融资能力[②]，这些均有助于缓解公司的研发融资约束，获得较充分的研发资金支持，从而促进企业的创新投入。基于上述分析，提出本部分待检验的研究假说1：

H1：在其他条件不变的情况下，投资者情绪对公司的创新投入具有正向影响。

自20世纪60年代开始，已有学者利用专利来分析创新的投入与产出之间的数量关系，并形成了较为一致的研究结论：R&D 支出与专利之间存在显著正向关系。即更多的 R&D 投入会带来更多的专利产出（Scherer，1965；Schmookler，1966；Pakes，1980；陈广汉和蓝宝江，2007；逢淑媛和陈德智，2009；王庆元等，2010；徐欣和唐清泉，2012；Hirshleifer，2013；黄世政，2015）。但现有研究较多的是以专利申请数量作为因变量，以当期或者滞后的 R&D 投入作为自变量，考察创新投入对创新产出的影响。那么，前期的创新产出（专利申请）对于下一期的创新投入（R&D 支出）是否同样存在显著

---

① 中国科协2011年的一项调查显示，科研资金用于项目本身仅占40%左右，大量科研经费流失在项目之外。

② 黄宏斌，刘志远. 投资者情绪与企业信贷资源获取 [J]. 投资研究，2013（2）：13-29.

的相关性？我们认为，首先，专利产出数量代表了公司的创新能力，创新能力越强的公司，其创新意识越强，从事创新活动的积极性与活跃度越高。其次，对于已经具有研发创新经验与前期研发基础的企业，例如已经形成前期专利成果的企业，其研发的调整成本相对较低。并且专利的产出大大降低了创新活动的不确定性，管理者迎合市场情绪进行后续创新投入的动机和积极性会相对更强。最后，高涨的投资者情绪会通过降低企业的外部融资成本。提高公司股价的同时增加公司净财富及抵押资产价值，增强公司的信贷融资能力，缓解研发融资约束，为公司后续的创新活动提供资金支持，从而有助于提升公司后续的创新投入水平。据此，提出本部分待检验的研究假说2：

H2：在其他条件不变的情况下，投资者情绪有助于增强公司创新产出对于下一期创新投入的敏感性。

3.1.2.2 企业属性、投资者情绪与企业创新投资

考虑到中国资本市场特殊的制度背景与控制权特征，实际控制人不同，投资者情绪的作用效果可能存在差异。学术界较多关注产权性质和企业研发创新之间的关系，但研究结论存在异质性。吴延兵（2006）利用行业统计数据研究指出国有产权对企业研发活动有促进作用；李春涛和宋敏（2010）以制造业企业为样本的研究发现国有企业比非国有企业更具有创新性。但与上述结论相悖的是，冯根福和温军（2008）指出，包括国有股和国有法人股在内的国有持股比例对企业的技术创新活动有负向影响作用。张文海和王飞等（2015）研究发现终极控制人为国家的企业，其研发投入水平低于终极控制人为非国家的企业。付永萍和芮明杰等（2016）以战略性新兴上市公司为样本，发现非国有产权的企业具有更大的创新活动与动力。我们认为，首先，中国"新兴＋转轨"的双重市场环境特征使得我国的上市公司多由政府控制。政府控制的企业相对非政府控制的企业在资源占用等方面存在"先发优势"，政府的"父爱效应"易使其风险意识与创新动机不足（姚洋和章奇，2001；周立群和邓路，2009；肖文和林高榜，2014）；同时竞争与忧患意识的

欠缺也会使政府控制的企业对于市场反应的关注度弱于非政府控制的企业，这使得同一程度的投资者情绪对于公司创新的驱动作用，在政府控制的企业里要相对较弱。其次，相对于非政府控制的上市公司，政府控制的上市公司对于管理者薪酬、股权激励等存在政策性约束，这在一定程度上降低了管理者个人收益与公司股票价格波动的关联性。国有企业高管的政治晋升、在职消费等带来的租金成为管理者货币性薪酬的替代选择，使其对于资本市场反应的关注度要弱于非政府控制的上市公司，必然会削弱资本市场中的投资者情绪对于政府控制的上市公司的资本性投资的正向影响作用。最后，由于创新投资区别于一般投资的高风险性与盈利的滞后性，作为国有企业的管理者，基于政治晋升等的考虑，会更倾向投资于能够提升企业短期业绩且风险较小的投资项目。据此，提出本部分待检验的研究假说 3：

H3：相对于实际控制人为非政府的上市公司，投资者情绪的上述影响效应在政府控制的上市公司相对较弱。

融资约束是影响公司研发创新的另一个重要因素。贝克等（Baker et al，2005）研究发现，融资约束越强的公司，其资本投资对于股票市场价格的波动敏感性越强。产生企业融资约束问题的本质是信息的不对称，而创新投资活动因其存在高度的信息不对称及不确定性，并面临着较大的调整成本，融资约束是其普遍面临的关键性问题（张敏等，2011；卢馨等，2013），特别是高新技术企业的创新投资活动更为密集，其不仅需对技术创新的产品进行跟踪，还需要对下一代的技术进行升级研发与论证，以便适应新技术持续的更新与发展。一旦停止对其后续投入，前提的投资就有可能毁于一旦（陈海声，2006；崔也光和赵迎，2013）。基于高新技术企业对于创新投资的高度敏感性，提出本部分待检验的研究假说 4：

H4：相对于非高新技术企业，投资者情绪的上述影响效应在较高融资约束程度的高新技术企业相对更强。

本部分基于管理者理性视角考察投资者情绪影响企业创新投资的基本研究框架见图 3-1。

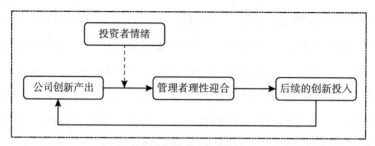

图 3 – 1   基于管理者理性视角的投资者情绪影响企业创新投资的研究框架

资料来源：作者自制。

3.2   投资者情绪影响企业创新投资的理论剖析及研究假说——基于管理者非理性视角

3.2.1   投资者情绪与管理者过度自信共同影响企业创新投资的基本理论剖析

经典的金融学理论建立在"完全理性人"和"市场有效性"两个基本假设基础之上。经济史实和研究证明，由于受各种因素的影响，人类并非完全理性。对于企业的投资活动而言，市场的效率性至关重要。创新投资自身的高不确定性、高风险和收益滞后性，使其对市场非有效的反应更加明显。按照行为财务学的理论路径，由于资本市场上信息难以完全透明，在心理因素和认知差异的影响下，投资者不能完全了解企业的经营情况，股票价格出现系统性偏差，即投资者情绪的存在。投资者透过企业的投资行为对企业价值进行判断，这就给管理者提供了操纵企业的投资行为以影响股价的空间。由于个体特质不同，认知水平、能力、心理素质都会对其判断和决策产生干扰。投资者对企业价值的误判，必然影响到企业之后的投资决策。此外，管理者也是有限理性的，在进行投资决策时，不可避免地受到自身心理因素的影响。

根据情绪感染理论，个体在进行信息交流过程中存在着情绪、行为的传递、交互与感染。人们的情绪与行为能够在群体中传染扩散。通过信息的交流和传染，人们获得相同的认知，使得群体的情绪和行为趋于一致。社会情绪及行为可以塑造个体的情绪与行为（Nofsinger，2005）。在现实的市场环境中，投资者和管理者作为资本市场中的行为主体，以公司的股票价格为媒介进行信息传递。投资者情绪这一社会群体情绪的波动会引致股票价格发生波动①，管理者作为决策个体，必然会考虑该投资项目对公司股价可能造成的影响而对股价波动做出相应的反应。但由于作为社会个体的管理者对于作为社会群体的外部投资者缺乏足够的控制力，管理者很难去影响或者控制投资者的情绪。因此，投资者与管理者之间情绪的感染路径是由投资者——管理者，企业的管理者只能被动"感受"或者"分享"投资者高涨或低落的情绪，从而受到投资者情绪的影响，并最终趋于一致（花贵如等，2011）。因此，在整个信息传递的过程中，管理者的情绪更容易受到投资者情绪的影响，高涨的投资者情绪将进一步激发企业管理者的过度自信心理或乐观主义情绪，管理者的非理性情绪会追随投资者情绪的变化而改变，进而对公司的投资行为产生重要影响（Nofsinger，2005；Shefrin，2007；Hirshleifer & Teoh，2007；花贵如等，2011；余丽霞和王璐，2015）。

管理者是公司创新投资活动中关键的决策者、执行者，其个人的认知特征、行事风格、心理偏差必然对其决策产生重要影响。过度自信的心理特质决定了拥有这种心理特质的管理者相对于风险规避的管理者而言，会更加愿意投入风险高、收益高的投资项目，特别是针对创新投资这种颇具挑战性的风险性投资尤为明显。由于创新投资活动的高收益滞后性和高风险性，会引致投资者情绪对管理者的感染程度更大，敏感性水平更高。

---

① 何平，吴添，姜磊，等. 投资者情绪与个股波动关系的微观检验［J］. 清华大学学报（自然科学版），2014（5）：655－663.

3.2.2 投资者情绪与管理者过度自信共同影响企业创新投资的机理分析与假说

3.2.2.1 投资者情绪、管理者过度自信与企业创新投资

为了接近投资者与管理者有限理性共存的更加真实的资本市场，并且基于过度自信是公司管理者较为普遍的心理特质的现实（Roll，1986；Cooper et al，1988；Landier et al，2004；姜付秀等，2009），本部分的研究侧重考察管理者过度自信心理在投资者情绪影响企业创新投资过程中所扮演的角色。

基于情绪感染与协调理论的观点，个体在进行信息交流过程中存在着情绪、行为的传递与感染。而在资本市场中，投资者与管理者之间以公司的股票价格为媒介进行信息的传递。管理者进行决策时必然会考虑该投资项目对公司股价可能造成的影响。由于管理者对投资者缺乏足够的控制力，因此，投资者与管理者之间情绪的感染路径是由投资者流向管理者，企业的管理者只能被动感受投资者高涨或低落的情绪。因此，在整个信息传递的过程中，管理者的个体情绪更容易受到投资者情绪这一社会情绪的影响。高涨的投资者情绪将激发（塑造）企业管理者的过度自信心理，管理者的非理性情绪追随投资者情绪的变化而改变，并最终趋于一致。诺夫辛格（Nofsinger，2005）提出，高涨或者低落的投资者情绪会通过情绪感染对管理者进行同质情绪的塑造，从而对公司的投融资、兼并等决策行为产生影响。谢夫林（Shefrin，2007）基于太阳能微系统公司的案例研究证实，高涨的投资者情绪激发了管理者对于投资项目的乐观主义情绪，从而错失调整机会而导致企业价值毁损。花贵如（2010）基于中国的资本市场现实，发现高涨的投资者情绪会通过塑造管理层的乐观主义倾向，促使企业加大资本投资。黄莲琴和杨露露（2011）的研究表明，管理者存在迎合投资者情绪进行投资决策的倾向，并且，管理层的过度乐观加剧了这种影响。王海明（2013）、余丽霞和王璐

（2015）等研究均表明，投资者情绪对企业投资行为存在影响，且管理者过度自信起到了部分中介的作用。那么，对于创新投资而言，管理者的过度自信是否也是投资者情绪产生作用的其中一个影响渠道呢？

前述学者们的研究已经证实，高涨的投资者情绪会通过进一步塑造管理者的过度自信（乐观主义）心理对企业资本投资产生重要影响，甚至引发过度投资行为。管理者是公司创新活动关键的决策者、执行者，其个人的认知特征、行事风格、心理偏差必然对其决策产生重要影响。管理者过度自信与公司的创新投资决策存在必然联系。行为金融学中界定管理者过度自信的隐含假设是管理者是忠于公司股东的，与股东持有一样的价值最大化目标（Heaton，2002），他们作出相应决策只是出自过度自信心理，并非因为私利。高估成功几率与项目未来收益、低估失败几率与项目未来风险的过度自信心理决定了拥有这种心理特征的管理者相对于风险规避的管理者而言，会更加愿意投入风险高、收益高的投资项目，乐于接受挑战，特别是针对创新活动这种颇具挑战性的风险性投资尤为明显（翟淑萍等，2015）。现有的国内外关于管理者过度自信与企业创新投资的研究大部分均得出了较为一致的结论，即，拥有过度自信心理特质的公司管理者倾向于更多的创新项目的投资，创新投入强度更高（Simon & Houghton，2003；Galasso & Simcoe，2011；Hirshleifer et al，2012；闫永海和孔玉生，2012；王山慧等，2013；马璐和彭陈，2016；翟淑萍和毕晓方，2016；李诗田和邱伟年，2016）。据此，提出如下待检验的研究假说 5：

H5：投资者情绪至少部分地通过"管理者过度自信"的中介渠道正向影响企业创新投入。该假说包括如下三个子假说：

H5a：投资者情绪对企业创新投入有显著正向影响。

H5b：投资者情绪对管理者过度自信有显著正向影响。

H5c：管理者过度自信对企业创新投入有显著正向影响。

根据卡曼和施瓦茨（Kamien & Schwartz，1978）的研究，企业的创新活动可分为探索式创新（exploratory innovation）与开发式创新（exploitative innovation）。探索式创新是一种基础性、激进性、革命性的创新方式。强调企业借助新知识和技术开发出新的产品，以迎合新兴市场所进行的创新。它着眼于整个市场的创新性，承担更高的风险；而开发式创新是一种常规性、渐进性的创新方式。强调企业以既有知识、技术为基础，对已有产品进行改造升级，或继续开拓现有市场，主要以满足现有市场为目标所进行的创新。但是基于数据的固有限制与可得性，国内外相关的研究较少。我国《企业会计准则（2006）》将企业的研究与开发（R&D）项目投资划分为研究（R）阶段的投资与开发阶段（D）的投资，这为进行创新投资项目的细化研究提供了很好的数据契机①。借鉴卡曼和施瓦茨的研究，唐清泉和肖淑莲（2012）基于 R&D 风险异质性的特点，将企业的创新投资区分为探索式创新投资和常规式创新投资。若企业的 R&D 投资只涉及研究阶段，或者同时涉及研究阶段和开发阶段，将其界定为探索式创新投资。而若只进行了开发阶段的 R&D 投资，则界定为常规式创新投资，并考察了不同创新投入方式的现金流敏感性问题；顾群和翟淑萍（2014）将 R&D 投资区分为探索式创新投资与开发式创新投资，考察了风险异质的不同创新投入方式的融资约束与资金来源问题；翟淑萍和毕晓方（2016）将企业 R&D 项目中研究阶段的投资界定为探索式创新投资，而将开发阶段的投资界定为开发式创新投资，研究发现，管理者自信程度的提高会显著促进企业的探索式创新投资。

借鉴顾群和翟淑萍（2014）、翟淑萍和毕晓方（2016）的研究，本书将创新投资按照风险异质性区分为探索式创新投资与开发式创新投资。我们认为，首先，相对于开发式创新，探索式创新能够为企业另辟蹊径，获得"蓝海战略"先发优势，带来新的盈利增长与发展机会。一旦创新成功，将为企

---

① 企业的 R&D 活动具有风险异质性特点。基础性、前沿性的创新活动与应用性、试验性的创新活动在风险、不确定性方面差异很大。现实中也存在探索式和常规式两种不同的创新活动。如，苹果公司在高科技企业中以原创式创新闻名，其在 2011 年 2 月打破诺基亚连续 15 年销量第一的地位，成为全球第一大手机生产商；而国内一些手机厂商开发的手机产品只能是追随式创新（模仿），无法成为市场中的新产品，属于常规式创新。

业带来丰厚回报。主流文献的观点认为，探索式创新与开发式创新之间存在对于稀缺资源的竞争性，需要对双方进行合理协调以促进企业持续、健康发展（March，1991；李剑力，2010；张建宇和蔡双立，2012；张峰和邱玮，2013）。而高涨的投资者情绪一方面可以通过降低企业的外部融资成本、增加公司净财富及抵押资产价值、增强公司的信贷融资能力，缓解创新投资项目的融资约束与不同创新投资方式之间的资源配置的竞争性，促进企业的探索性创新投入。另一方面，相对于开发式创新，探索式创新具有更高的技术机密性，不确定性与信息不对称程度更高，引致股票估值偏误程度更高，投资者情绪对探索式创新的影响会更大；其次，相对于开发式创新，探索式创新具有更高的风险与不确定性，作为一种更具进攻性的创新战略，探索式创新更符合过度自信心理特征的行为路径。高涨的投资者情绪通过情绪感染与社会影响的传导机制可以进一步激发管理者的过度自信心理，使其勇于承担风险，对于探索式创新投入的影响或更显著。据此，提出本部分待检验的研究假说 6：

H6：相对于开发式创新，投资者情绪、管理者过度自信对探索式创新投入的影响相对较强。

3.2.2.2 政府控制、投资者情绪与企业创新投资

结合中国资本市场中政府控制的制度背景来分析，中国"新兴 + 转轨"的资本市场环境中存在诸多制度性安排，最根本的即是我国的上市公司多由政府控制。这主要是因为中国的资本市场根植于经济转型的土壤之中，初衷是为了国有企业改制与脱困而来[①]。虽然在 20 余年间历经一系列改革，股票的发行上市由最初的审批制到核准制，再到如今的注册制，逐渐降低了民营企业的入市门槛，使得大量民营企业涌入证券市场，但仍未改变国有企业在

---

① 赵兴楣，王华. 政府控制、制度背景与资本结构动态调整［J］. 会计研究，2011（3）：34 – 40.

资本市场资源配置中占据主导优势这一现实。政府通过国家控股的方式有动机，也有足够的能力对上市公司的投资决策产生实质性影响（辛清泉等，2007；郝颖等，2010；周中胜和罗正英，2011；花贵如等，2014）。首先，与非政府控制的上市公司的股东价值最大化的盈利性目标不同，政府控制的上市公司承担着诸如稳定物价、扩大就业、修建公用基础设施、促进地方经济与社会发展等社会性责任，其存在目的侧重于社会功能与社会利益最大化。与此同时，政府控制的上市公司的这些"政策性负担"使其享有政府不同程度的隐形政策补贴，存在"预算软约束"问题（林毅夫和李志赟，2004；田利辉，2004，2005）等，这些均导致了政府控制的上市公司风险意识较薄弱，经营绩效依赖于政府资源。并且由于所有者缺位，制度较僵化等引致投资低效（Shleifer & Vishny，1994；张敏等，2010；盛明泉等，2012），技术创新的内生动力不足（姚洋和章奇，2001；周立群和邓路，2009；肖文和林高榜，2014），对于外部资本市场的关注度也相应减弱。这导致了相比非政府控制的上市公司，同一程度的投资者情绪对政府控制的上市公司的投资决策影响的"重要性"较低。其次，相对于非政府控制的上市公司，政府控制的上市公司对于管理者薪酬、股权激励等存在政策性约束，这在一定程度上降低了管理者个人收益与公司股票价格波动的关联性。国有企业高管的政治晋升、在职消费等带来的租金成为管理者货币性薪酬的替代选择，使其对于资本市场反应的关注度要弱于非政府控制的上市公司，必然会削弱资本市场中的投资者情绪对于政府控制的上市公司的资本性投资的正向影响作用。最后，由于创新投资区别于一般投资的高风险性与盈利的滞后性，作为国有企业的管理者，基于政治晋升等的考虑，会更倾向投资于能够提升企业短期业绩且风险较小的投资项目。据此，我们提出本部分待检验的研究假说7：

H7：相对于非政府控制的上市公司，投资者情绪、管理者过度自信对创新投入的影响在政府控制的上市公司相对较弱。

3.2.2.3 机构持股、投资者情绪与企业创新投资

结合机构投资者持股的股权结构来看，与国外较成熟、发达的资本市场相比，中国的资本市场成立较晚，从 1990 年至今，虽历经 20 多年发展，仍存在诸多问题，其中最关键也是最具特色的就是市场投资者数量结构不合理，机构投资者数量与持股市值占比均偏低。境外成熟市场中的专业机构投资者持股比重一般为 50% 左右，而我国的专业机构投资者近 10 年来的持股比重平均仅为 13% 左右[①]。相对于专业的机构投资者而言，个人投资者普遍缺乏专业知识与时间精力投入，投机性强，易受情绪影响。这导致我国以中小投资者为主体的证券市场充斥着更多非理性因素，市场换手率高、流动性大、投机性强，不稳定性与不确定性加剧。为了改善投资者结构、促进理性投资、维护股票市场稳定，2000 年证监会提出"超常规发展机构投资者"战略，我国的机构投资者数量、结构与市值占比获得了快速发展，并引导着公司治理模式的新变化。已有研究表明，随着我国机构投资者数量与持股比例的不断提高，机构投资者发挥了对于公司的内外部治理作用，降低了代理成本，对于公司绩效与企业价值具有显著正向影响（李维安和李滨，2008；张敏等，2011）。机构投资者可以通过公司治理机制影响企业的投资决策，而创新投资是企业一项特殊而具体的投资活动，因此，机构投资者持股对于公司的创新投资应具有逻辑上的相关性。已有的研究虽并无形成一致结论，但较多的倾向于机构投资者是积极、理性的投资者，会做出具有长期价值的投资决策，有助于促进企业的创新投资这一观点（Jarrell et al，1985；Hansen & Hil，1991；Baysinger et al，1991；Kochhar & David，1996；Bushee，1998；Wahal & McConnell，1999；齐结斌和安同良，2004；赵洪江和夏晖，2009；范海峰和胡玉明，2012）。

我们认为，首先，机构投资者通常被认为是相对"理性"与"老练"的

---

① 统计数据来源于 Wind 数据库。

投资者，具有规模投资、专家理财、控制风险以及较通畅的信息获取渠道等优势。因此，相对于普通个人投资者而言，机构投资者被称之为"专家"，其对企业未来现金流量和风险的主观判断应该更为"真知灼见"。相对于机构投资者持股比例较低的企业，在机构持股水平较高的企业中，投资者情绪更多体现为"专家"的观点，对企业投资活动未来现金流量及风险的预期判断更为"真知灼见"，企业管理者改变原有的对投资项目的风险与收益的主观预期越强，调整相应投资行为的倾向也将愈大，迎合性也更强；其次，随着机构投资者持股水平的不断增加，投资者群体的"内聚力"、对于公司治理的影响力也随之增强，由此所"塑造"的管理者同质心理并进而对公司投资行为的影响力也将增加。由此，我们提出本部分待检验的研究假说8：

H8：相对于机构持股水平较低的上市公司，投资者情绪、管理者过度自信对创新投入的影响在机构持股水平较高的上市公司相对较强。

本部分基于管理者非理性视角考察投资者情绪影响企业创新投资的基本研究框架见图3-2所示。

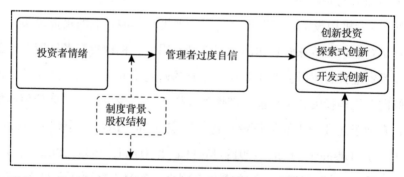

图3-2 基于管理者非理性视角的投资者情绪影响企业创新投资的研究框架

资料来源：作者自制。

3.3 投资者情绪影响企业创新投资的经济后果分析

3.3.1 投资者情绪驱动企业价值创造的基本理论剖析

根据投资者情绪理论的观点，资本市场中的非理性投资者对于公司股票未来现金流量和风险的预期信念因投资者自身的教育经验、社会背景、能力、认知偏好等而存在异质性，这种异质性通过社会传导机制被无限扩大，并通过群体之间的情绪感染形成集体偏差的一致性，导致公司股票被错误定价，偏离基本价值。投资者情绪反映了投资者对于资产价格的总体乐观抑或悲观的态度。股票的价格既包括公司的基本价值，又包括市场投资者的主观心理偏差。当投资者对公司未来收益持乐观态度时，股价就会上涨；反之，当投资者对公司未来收益持悲观态度时，股价就会下跌。投资者对市场信息错误的认知与感受将通过其非理性行为（情绪）表现出来，并反馈于市场价格中，形成互动关系。同时，套利的限制、时间和风险因素的约束加强了上述的互动关系。由投资者情绪造成的股票的高估或低估在短时间内很难消除，致使现实中的资本市场长期存在收益异象与大量非理性泡沫。

基于迎合理论、情绪感染理论的观点，首先，资产的估值难度越大、未来成长性越高，投资者的误定价程度越高（Polk & Sapienza，2009）。尤其是高投入、高风险的创新投资项目，其产出主要形成企业的无形资产等异质性资源，是企业获得未来核心竞争力与高成长性的基础，但因存在高度的不确定性与信息不对称，极易受投资者情绪的影响，这为管理者提供了更多利用误定价的机会，管理者的迎合性动机也较强（Dong et al，2007）；其次，根据情绪感染理论，个体在进行信息交流过程中存在着情绪、行为的传递、交互与感染。人们的情绪与行为能够在群体中传染扩散。通过信息的交流使人们获得相同的认知，令群体的情绪与行为趋于一致。社会情绪及行为可以塑造个体的情绪与行为（Nofsinger，2005）。在现实的市场环境中，投资者和管理者作为资本市场中的行为主体，投资者情绪这一社会群体情绪的波动会引致股票价格发生波动，管理者作为决策个体，必然会考虑该投资项目对公司股价可能造成的影响而对股价波动做出相应的反应。但由于作为社会个体的管理者对于作为社会群体的外部投资者缺乏足够的控制力，管理者很难去影响或者控制投资者的情绪。因此，投资者与管理者之间情绪的感染路径是由投资者——管理者，企业的管理者只能被动"感受"或者"分享"投资者高涨或低落的情绪，从而受到投资者情绪的影响，并最终趋于一致（花贵如等，2011）。高涨的投资者情绪将进一步激发企业管理者的过度自信心理或乐观主义情绪，进而对公司的投资行为产生重要影响（Nofsinger，2005；Shefrin，2007；Hirshleifer & Teoh，2007；花贵如等，2011；余丽霞和王璐，2015）。管理者是公司创新投资活动中关键的决策者、执行者，其个人的认知特征、行事风格、心理偏差必然对其决策产生重要影响。过度自信的心理特质决定了拥有这种心理特质的管理者相对于风险规避的管理者而言，会更加愿意投入风险高、收益高的投资项目，特别是针对创新投资这种颇具挑战性的风险性投资尤为明显。由于创新投资活动的高收益滞后性和高风险性，会引致投资者情绪对管理者的感染程度更大，敏感性水平更高。由此，创新投资存在误定价的强敏感性。

基于技术创新理论的观点，公司持续的创新投入一方面有助于企业形成难以被竞争对手所模仿的知识结构与知识储备，这决定了企业未来的发展机会与竞争优势；另一方面，持续的创新投入在未来可能形成企业的专利权、商标权、专有技术等异质性资源，有助于提升企业的核心竞争力。沃纳菲尔特（Wernerfelt）的企业资源理论的观点认为，企业是资源的集合体，由于内部资源禀赋的差异而呈现出异质性的特征。企业具有竞争优势的关键在于其拥有的异质性资源的价值性、稀缺性与难以模仿性。并且，企业资源的异质性将长期性存在，使得企业的竞争优势也呈现可持续性。但，并不是任何一种资源都可以驱动企业技术创新能力的提升。最能够体现企业的核心竞争力——技术创新能力的关键性资源应是企业所拥有的专有技术、专利权等无形资产。无形资产作为一种有价值的、稀缺的、难以被模仿并不可替代的异质性资源，可以使企业区别于市场中的竞争对手，获得持续性的先发优势。而创新投资这一类特殊的企业投资，是其进行技术创新活动，形成企业的无形资产这一竞争优势资源的必备条件。使其在市场竞争中夺得先机优势（Barney，1991），从而促进企业价值的提升。

3.3.2 投资者情绪驱动企业价值创造的机理分析与研究假说

3.3.2.1 投资者情绪、创新投资与企业价值

自 1912 年约瑟夫·熊彼特在其《经济发展理论》一书中提出了"创新"及其在经济中的作用，之后的学者围绕企业的技术创新进行了大量有益的探索，并从不同角度检验了企业的创新投入对企业价值存在的影响，但仍未达到共识。格里利谢斯（Griliches，1981）、列弗和索吉亚尼斯（Lev & Sougiannis，1996）、钱伯斯等人（Charmbers et al，2002）、王化成等（2005）、林钟高等（2011）、杨中环（2013）、李江雁等（2016）等学者的研究从不同角度均验证了企业的创新投入对经营业绩具有正向影响，能够提升企业价值；但冯·布朗（1999）的研究则认为研发项目的加速投入与企业未来的产品销售与利润增长无正相关关系，并会引致企业经营风险。王君彩和王淑芳（2008）的研究表明企业的研发投入与公司业绩之间不存在显著的正相关关系。梁莱歆和韩米晓（2008）基于高新技术企业的价值链模型，提出必须要将企业的研发、生产与营销等价值活动有机的调动与整合，才能提升企业的价值。

基于技术创新理论与企业资源理论，我们认为，公司持续的创新投入一方面有助于形成难以被竞争对手所模仿的知识结构与知识储备，这决定了企

业未来的发展机会与竞争优势；另一方面，持续的创新投入在未来可能形成企业的专利权、商标权、专有技术等异质性资源，有助于提升企业的核心竞争力，使其在市场竞争中夺得先机优势，从而促进企业价值的提升。除了上述内生性因素的驱动价值动力之外，资本市场中投资者的心理因素这一外生性因素在其中所起的作用也不容忽视。根据行为金融理论，资本市场中的投资者并非完全理性，投资者的信心与情绪的变化起伏会通过资本市场中股票价格的信号传导对企业的资本投资决策产生重要影响。主观估值难度越大的资产，受投资者非理性认知偏差的影响会越大，在投机性的市场环境中更易被误定价。中国"新兴＋转轨"的政策性市场环境，非理性且不稳定，投资者的心理因素恰恰在其中会产生重要影响。基于前述的理论分析可知，投资者情绪可以通过管理者的"理性迎合"与社会情绪感染影响公司的创新投资决策。有关创新投资与投资者情绪的研究目前仍处于起步阶段，相关的实证分析主要侧重于检验企业的创新投资对于投资者情绪的迎合效应（Dong et al，2007；朱迪星，2011；肖虹、曲晓辉，2012；朱朝晖、黄文胜，2013），关于投资者情绪影响公司创新投资经济后果方面的相关研究较为匮乏。那么，上市公司的创新投入水平的高低是否会通过资本市场中投资者情绪（信心）的信号传导进而驱动企业价值创造呢？

结合投资者情绪理论与现有研究，我们认为，首先，公司的创新投资是培育自主创新能力、提高企业核心竞争力的关键动因。借助不断的技术创新，企业可以对自有新产品进行升级以满足并拓展市场需求，或获得专有技术、专利权等"核心资源性资产"夺得市场竞争优势，攫取垄断性利润，从而促进企业价值的不断提升。其次，在中国投机性的市场环境中，股票极易被误定价，尤其是企业的创新投资，因高度的信息不对称与主观估值性易受投资者情绪的影响。投资者情绪通过管理者的"理性迎合"与社会情绪感染渠道影响公司的创新投资决策。近年来，随着国家创新战略规划的不断推进，资本市场的投资者对于技术创新与企业未来成长性，以及对核心竞争力提升的认知也日趋深化，对创新型企业及创新投资项目愈加青睐及价值认可。创新投资项目的信息披露向市场发出了公司具有良好发展前景与利润未来上升空间的信号，投资者对于创新投资价值具有一定的解读与预测能力（Chambers & Jennings，2002；谢小芳等，2009），创新型企业，或者创新投入水平较高的企业，投资者对其未来的盈利预期会持有较高的信心，进而对公司股票的价值增长与公司未来成长性持乐观的态度。反之，投资者会持悲观态度，信心较弱。据此提出本部分待检验的研究假说9、假说10：

H9：不考虑其他因素，创新投入与企业价值显著正相关。

H10：在创新投入正向影响企业价值的过程中，至少部分地通过投资者情绪起作用。

3.3.2.2 政府控制、投资者情绪与企业价值

进一步结合中国特殊的制度背景来看。前已述及，首先，从公司层面来分析，一方面，不同制度背景的企业在财务目标、存续目的上具有本质差异。非政府控制的企业的存在目的是"盈利性"，财务目标是股东价值最大化，而政府控制的企业的存在目的主要是为了实现相应的经济与社会功能，社会利益最大化是其本质属性。政府控制的上市公司在承担了诸如稳定物价、扩大就业、修建公共基础设施等社会责任的同时，也享受着政府对其天然的"父爱"（谢德仁和陈运森，2009），如，享受不同程度的隐形政策补贴、存在"预算软约束"（林毅夫和李志赟，2004；田利辉，2004，2005）等，这些往往导致其风险意识较薄弱，经营绩效依赖于政府资源，技术创新的内生动力不足。另一方面，已有研究表明，政府控制的企业因存在"制度性包袱"，在盈利能力、经营效率与企业业绩等方面要明显弱于非政府控制的企业，并且高层管理者与董事会受外部控制权市场的威胁较低，地位较为稳固，对管理层的更换防御易受到"斩壕"保护，强化了内部人控制而降低公司治理效率，增加了公司在创新过程中的代理成本，再加上中国传统体制与文化的束缚，导致政府控制的上市公司的创新动机明显不足（华锦阳，2002），创新的价值相关性显著降低。

其次，从管理者个人动机层面来分析，一方面，由于政府控制的上市公司对于管理者薪酬、股权激励等存在政策性约束，这在一定程度上降低了管理者个人收益与公司股票价格波动的关联性。国有企业高管的政治晋升、在职消费等带来的租金成为管理者职位薪酬的替代选择，使其对于资本市场反应的关注度要弱于非政府控制的上市公司，这削弱了资本市场中的投资者情绪对于政府控制的上市公司的资本性投资的敏感性，影响价值相关性。另一方面，由于创新投资区别于一般投资的高风险性、投资的长期性与盈利的滞后性，作为国有企业的管理者，基于政治晋升等个人私利动机的考虑，会更倾向投资能够提升企业短期业绩且风险较小的投资项目。同一程度的投资者情绪或者信心对政府控制的上市公司的业绩影响的"重要性"较低，这会驱使对于政府控制的上市公司，其创新投入与企业价值的正相关性较低，即公司的创新投入对于企业价值存在正向影响，政府控制的制度背景在其中具有调节效应，且"投资者情绪"是该调节效应的重要中介渠道。基于上述分析，提出如下待检验的研究假说，其中 H11 检验政府控制的调节效应的存在性；H12 检验政府控制的调节效应是否存在传导路径。研究框架见图 3－3 所示。

H11：公司的创新投入与企业价值存在正向影响，且这种影响在政府控制的上市公司中相对较弱。

H12：政府控制的上述调节效应，至少部分地通过"投资者情绪"这一中介渠道发挥作用。

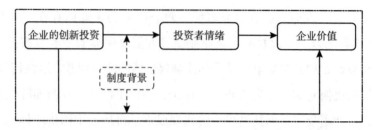

图 3－3　投资者情绪、创新投资与企业价值的基本研究框架

资料来源：作者自制。

投资者情绪对企业创新
投资的影响研究

Chapter 4

第4章　投资者情绪影响企业创新投资的实证研究——基于管理者理性视角

依据前述第 3 章 3.1 节的理论与影响机理分析，本章基于中国上市公司 2007~2014 年数据，通过构建个股层面的投资者情绪指数，用固定效应面板模型考察了投资者情绪在公司创新产出与创新投入水平之间的影响，试图检验在管理者理性的研究视角下，投资者情绪对于公司创新投资影响的存在性，并且这种影响是否会因制度背景、公司特征等因素的影响而存在异质性。

4.1　实证研究设计

4.1.1　研究模型与变量设计

4.1.1.1　研究模型设计

根据前述的理论分析及本章的研究假设，在投资者情绪、公司创新产出与创新投入这三者的关系中，投资者情绪、公司创新产出为自变量，创新投入为因变量。构造如下回归模型（4−1）和模型（4−2）。模型（4−1）主要为了检验创新产出（INNO）、投资者情绪（SENT）对于创新投入（RDc）影响的存在性。模型（4−2）在模型（4−1）基础上，引入了公司创新产出（INNO）与投资者情绪（SENT）的交乘项（S×I），以检验投资者情绪（SENT）在创新产出（INNO）影响创新投入（RDc）过程中的调节作用。同时，为了避免共线性问题，交乘项的 SENT 变量与 INNO 变量均进行了中心化处理。为了克服样本数据中可能存在的异方差及截面等问题，并经过 Hausman 检验程序，本研究最终采用稳健的固定效应面板模型进行实证检验。

$$RDc_{i,t} = \alpha_0 + \alpha_1 INNO_{i,t-1} + \alpha_2 SENT_{i,t-1} + \sum CONTROL_{i,t-1}$$
$$+ \sum YEAR + \sum IND + \varepsilon_{i,t-1} \qquad (4-1)$$

$$\text{RDc}_{i,t} = \alpha_0 + \alpha_0 \text{INNO}_{i,t-1} + \alpha_2 \text{SENT}_{i,t-1} + \alpha_3 \text{SENT} \times \text{INNO}_{i,t-1}$$

$$+ \sum \text{CONTROL}_{i,t-1} + \sum \text{YEAR} + \sum \text{IND} + \varepsilon_{i,t-1} \quad (4-2)$$

其中，α_0 为截距，α_i 为系数，ε_i 为残差。模型中各变量的定义参见表 4-1。

表 4-1 变量定义

变量类型	变量名称	变量代码	变量取值方法及说明
测试变量	创新投入	RDc	研发支出/期初总资产
	创新产出	INNO	专利申请数量的自然对数
	投资者情绪	SENT	个股的投资者情绪综合指数
控制变量	现金流量	GF	经营活动净现金流量/期初总资产
	研发支出	RD	研发支出的自然对数
	营业利润率	SR	（营业收入－营业成本）/营业收入
	资产负债率	LEV	期初总负债/期初总资产
	经济周期变量	GDPR	实际 GDP 年增长率
	行业固定效应	IND	参照证监会 2012 年行业分类指南，共计 13 个行业虚拟变量
	年度固定效应	YEAR	选取 2007～2014 年，共 7 个年度虚拟变量

资料来源：作者整理。

4.1.1.2 变量设计

本研究的变量借鉴了目前主流文献的做法，其中：

1. 创新投入变量（RDc）。

关于创新投入变量，国内外文献多采用研发投入数或研发人员数量进行衡量。在参考汪晓春（2002）、王永明和宋艳伟（2010）、唐清泉和肖海莲（2012）、卢锐（2014）、苑泽明和郭景先（2015）、陶厚永等（2015）、贺亚楠（2015）等研究做法的基础上，本研究所界定的创新投资主要聚焦于企业的研发创新活动，具体化为财务报表中的研发投入项目的探讨。借鉴了夏冠军（2012）、翟淑萍和毕小芳（2016）等研究的做法，采用企业的研发支出/总资产，以消除公司规模因素的影响。研发支出数据指的是公司当期资本化和费用化的研发支出总和。数据统计顺序：首先摘自公司年报中董事会公告的总金额；若无公告，则用企业当年资产负债表中"开发支出"科目的本期借方增加金额与报表附注中披露的"管理费用"项目下如"技术研究费""技术开发费""新产品研究开发费用"等相关二级明细科目的金额加总计算得到。

2. 创新产出变量（INNO）。

现有的一些文献如翟胜宝等（2015）的研究中，公司创新产出变量取值为企业专利文献的引用数量。但结合本部分的模型设计与研究意图，我们认为，管理者并不会以未来的专利文献引用数量作为创新投资项目的决策依据，鉴于其余变量基本为比率型数据，为了控制异方差及降低数量级，创新产出变量（INNO）取值为企业当年的专利申请数量的自然对数。另外，我国的专利申请类型分为发明专利、实用新型专利与外观设计专利，无论哪一种专利类型均需耗用企业的研发资源，所以专利申请数量取值为上述三种专利类型的申请数量之和。

3. 投资者情绪变量（SENT）。

鉴于主观指标和客观指标仅能反映某一方面的投资者情绪，而复合指标涵盖了对于投资者情绪多维度的测度指标，通过克服单一性指标的度量偏差，可以较全面的对投资者情绪进行测度，并且本部分的研究意图旨在考察市场投资者对于个股的预期信念与情绪导致对于该公司管理者创新投资决策行为的影响。因此，在借鉴了贝克和沃格勒（Baker & Wurgler, 2006）的公司层面投资者情绪指数 BW 构建思路的基础上，参考雷光勇等（2012）、靳光辉（2015, 2016）等研究的做法，结合公司特质与市场因素，采用主成分分析方法构建了个股层面的投资者情绪综合指数。具体做法是，首先使用反映公司未来增长前景、风险以及信息不对称等基本面因素的替代变量：营业收入增长率、权益收益率、股票收益率、资产负债率、企业规模、现金股利支付率、营运资本及经营活动现金流对账面市值比、股票收益动量、托宾 Q 及股票换手率四个投资者情绪子维度变量进行正交化处理，以消除公司基本面因素的影响，然后将剩余的残差部分作为投资者情绪的替代变量进行主成分分析，取特征值大于 1 的前三个主成分因子（累计方差贡献率达到 85%）进行加权平均，最终构造出投资者情绪综合指数 SENT[①]。

$$\text{SENT}_{i,t} = 0.2703\text{TOBINQ}_{i,t}^{\perp} + 0.3674\text{MOM}_{i,t}^{\perp} - 0.2877\text{BM}_{i,t}^{\perp}$$
$$+ 0.4524\text{TRUNOVER}_{i,t}^{\perp} \tag{4-3}$$

其中 $\text{TOBINQ}_{i,t}^{\perp}$、$\text{MOM}_{i,t}^{\perp}$、$\text{BM}_{i,t}^{\perp}$、$\text{TRUNOVER}_{i,t}^{\perp}$ 分别代表正交化处理的托宾 Q、股票收益动量、账面市值比及股票换手率，各主成分变量系数符号均符合预期。

模型（4-1）、模型（4-2）中的控制变量相同，包括：研发支出（RD）、现金流量（GF）、营业利润率（SR）、资产负债率（LEV）。考虑到宏观经济冲击对于企业技术创新存在的影响，参考吴晓波等（2011）的做法，模型中引入以国民生产总值 GDP 的年增长率（GDPR）作为经济周期的代理变量，这样做是基于 GDP 增长率可以有效反映经济变量的滞后性，差分剩余的部分反映了经济的实质性波动，而非经济增长趋势所致[②]，对于企业投资决策更适宜。此外，模型中还引入了年度与行业固定效应以控制时间与行业因素对于公司技术创新的影响。变量的具体定义见表 4-1。

---

① 此方法的理论依据在于托宾 Q 等四个变量反映了投资者情绪对股票定价的影响，将其与公司基本面因素进行正交化处理后取其残差部分，即为消除基本面影响后的股票错误估值部分。此外，BW 指数在构建过程中，只取第 1 主成分因子，解释方差只有 50% 左右，丢失信息较多。为使实证结果更稳健，本研究选取前三个主成分因子进行加权，解释方差达到 85%。本书实证研究中的投资者情绪变量均采用此做法。

② 吴晓波，张超群，窦伟. 我国转型经济中技术创新与经济周期关系研究 [J]. 科研管理，2011（1）：1-9；赵懿清，张悦，胡伟洁. 政府控制、经济周期与企业投资趋同行为 [J]. 经济与管理研究，2016（11）：11-21.

4.1.2　样本筛选与数据来源

鉴于 2006 年财政部企业会计准则才开始对研发费用的信息披露进行规范，之前企业财务报表中的研发费用信息披露极少，因此本研究的初始样本期间定为 2006 年 1 月~2014 年 12 月沪、深两市的 A 股上市公司，样本执行了如下筛选及处理：①剔除金融类及 ST、ST* 等特殊处理的上市公司观测值；②剔除公司年报中开发支出未连续披露、数据明显异常及相关财务数据缺失的上市公司观测值；③为控制内生性，模型中自变量与控制变量均取滞后一期观测值；④样本中所有连续型变量均在 0.5% 分位数进行了 Winsorized 处理，即将小于 0.5% 和大于 99.5% 分位数的值分别重新赋值为 0.5% 和 99.5% 分位数变量的值。最终，本研究样本获得 1 443 家公司共 6 058 个观测值。研究期间为 2007~2014 年。

本研究数据取自国泰安 CSMAR 数据库、锐思 RESSET 金融数据库及台湾经济新报 TEJ 数据库。其中，研发支出数据经国泰安 CSMAR 数据库上市公司年报手工整理获得，股票金融数据取自锐思 RESSET 金融数据库，4.3 节进一步检验中的实际控制人数据与高新技术企业数据均来自台湾经济新报 TEJ 数据库。本研究数据的处理与分析使用了 Excel 2010、Stata 13.0 软件。

4.2　实证结果分析

4.2.1　描述性统计结果与分析

图 4-1 为本样本研究区间个股投资者情绪截面数据取均值的时间序列波动图，从图中可以直观地看出 2008 年前后投资者情绪波动幅度最大，这与其

时正逢金融危机，中国股市发生剧烈震荡的现实相符合。其后投资者开始逐渐复苏，并小范围波动，但在 2012 年前后又发生了一次较大波动，这与当时中国股市从 2009 年以来经历了三年多熊市后又迎来小牛市的实情也基本相符。这在一定程度上表明本研究构建的投资者情绪指数的客观性。

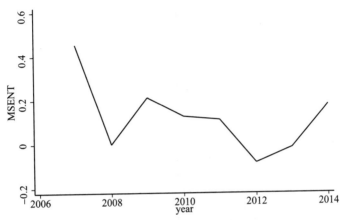

图 4 - 1　2007 ~ 2014 年个股投资者情绪截面数据均值波动分布

在表 4 - 2 的 Pearson 相关性分析表中，相关系数最大不超过 0.6，说明本研究模型的变量之间不存在严重的多重共线性问题，可用于后续实证检验。公司创新产出（INNO）与创新投入（RDc）的相关系数在 1% 水平上显著为正，投资者情绪（SENT）与创新投入（RDc）的相关系数在 1% 水平上显著为正，在一定程度上表明高涨的投资者情绪对于未来一期创新投入有显著促进作用；上一期的创新产出越高，则下一期的创新投入量越大。此外，我们还发现，经济周期（GDPR）与创新投入（RDc）、公司创新产出（INNO）显著负相关，初步表明中国上市公司的创新投入存在"逆周期"波动，这与沃尔登（Walde, 2002）、弗朗索瓦和埃利斯（Francois & Ellis, 2003）、程惠芳等（2015）等文献的研究发现相符。但由于此相关性分析并未考虑所有变量之间的影响，只是初步结果，更为可信的结论还需进一步的实证检验。

表 4 - 2

主要变量的 Pearson 相关系数

	RDc	INNO	SENT	RD	SR	GCF	LEV	GDPR
RDc	1							
INNO	0.1524 ***	1						
SENT	0.1099 ***	0.2707 ***	1					
RD	0.4338 ***	0.2142 ***	0.1329 ***	1				
SR	0.2247 ***	-0.0524 ***	0.1869 ***	0.0908 ***	1			
GF	0.0420 ***	0.0146	0.0039 ***	0.0131 ***	0.2443 ***	1		
LEV	-0.2891 ***	0.0569 ***	0.4155 ***	0.1843 ***	-0.4706 ***	-0.1240 ***	1	
GDPR	-0.2989 ***	-0.1520 ***	0.1393 ***	-0.5185 ***	-0.0599 ***	0.0236	0.1316 ***	1

注：***、**、* 分别代表在 1%、5% 与 10% 的水平上显著。

资料来源：作者整理。

表4-3为经过标准化处理后的样本变量的描述性统计分析。从创新投入（RDc）相关数据可以看出，2007~2014年间我国A股上市公司整体的研发支出平均仅占公司总资产的1.96%，研发强度较低，且公司间研发支出水平差异明显。由公司创新产出（INNO）变量的最大、最小值表明公司间专利申请量差距很大，这与企业的技术创新能力、对于专利保护的认知、所属行业的类型等有很大关系。投资者情绪（SENT）的均值、中位数均为负数，表明在样本期间内我国股市熊市长于牛市，投资者情绪整体较低迷。从标准差及最大、最小值表明投资者情绪的波动较大，样本间存在很大差异，这与样本期间中国股市震荡明显、换手率较高的现实相符合。其余变量分布符合统计量特征，不属于本研究关注内容，不再赘述。

表4-3　　　　　　　　　　　　　**样本变量的描述性统计**

变量	均值	中位数	标准差	最小值	最大值
RDc	0.0196	0.0148	0.0206	0	0.1029
INNO	3.099	3.091	1.4773	0	7.0094
SENT	-0.0685	-0.1197	0.9433	-2.1919	2.5095
RD	13.5757	16.9293	7.2529	0	20.6564
GF	0.0443	0.0424	0.0754	-0.47	0.892
SR	0.2576	0.223	0.159	-0.2255	0.9696
LEV	0.4271	0.4269	0.2079	0.0422	1.2927
GDPR	9.1021	9.2	1.6968	7.3	14.2

资料来源：作者整理。

4.2.2　回归检验结果与分析

4.2.2.1　H1 的检验

表4-4第二列报告了模型（4-1）的回归结果。模型变量的方差膨胀

因子（VIF）最大不超过 1.8，进一步表明本研究模型不存在多重共线性问题。自变量公司创新产出（INNO）的回归系数在 1% 水平上显著为正，表明企业的创新产出对于后续的创新投入决策具有重要的参考作用。投资者情绪（SENT）的回归系数在 1% 水平上显著为正，表明高涨的投资者情绪对于企业的创新投入水平具有促进作用。这与我们的研究假说 1 相符。其他变量的回归结果符合预期。特别的，经济周期变量（GDPR）的回归系数在 1% 水平上显著为负，研究结果支持了现有研究中关于经济周期对研发投入影响的"逆周期"观点（吴晓波等，2011；贾明琪等，2015；文武等，2015）。

4.2.2.2 H2 的初步检验

为了更加凸显投资者情绪的波动对于企业技术创新可能具有的影响，表 4-4 中的 Panel A、Panel B 分别按照投资者情绪波动幅度的中位数、四分之三分位数进行分组。组内，波动幅度较低的公司组赋值为 0，较高的公司组赋值为 1。由回归结果可以明显看出，Panel A 中，投资者情绪波动幅度较高的公司组，投资者情绪（SENT）的回归系数在 10% 水平上显著为正，公司创新产出（INNO）的回归系数在 1% 水平上显著为正，而在投资者情绪波动幅度较低的公司组却均不显著；Panel B 中，波动幅度较高的公司组，投资者情绪（SENT）、创新产出（INNO）的回归系数的大小与显著性水平均高于波动幅度较低的公司组，这在一定程度上表明当投资者情绪波动越剧烈，投资者情绪对于创新投入的促进作用越大，公司创新产出对于下一期创新投入的正向影响作用显著增强，即投资者情绪提高了公司创新产出对于下期创新投入水平的敏感性，基本证实了我们之前的研究假说 2。在后面 4.3 节的实证检验内容中将引入投资者情绪（SENT）与创新产出（INNO）的交乘项，以进一步验证投资者情绪在技术创新中调节效应的存在性。

表 4 - 4   公司创新产出、投资者情绪对于未来一期创新投入强度影响的回归结果

变量	模型 (4-1)	Panel A：以投资者情绪波动 (ΔS) 的中位数为赋值标准		Panel B：以投资者情绪波动 (ΔS) 的四分之三分位数为赋值标准	
		低	高	低	高
Constant	0.0238 **	0.0157	0.0395 **	0.0322 *	0.0317 *
	(2.48)	(0.79)	(2.01)	(1.86)	(1.76)
INNO	0.0010 ***	0.0002	0.0015 ***	0.0007 *	0.0014 ***
	(3.20)	(0.43)	(3.08)	(1.68)	(3.28)
SENT	0.0003 ***	0.0010	0.0021 *	0.0016 *	0.0023 ***
	(3.19)	(0.96)	(1.90)	(1.97)	(2.61)
RD	-0.0014 ***	-0.0010 ***	-0.0019 ***	-0.0009 ***	-0.0004 *
	(-6.98)	(-3.43)	(-5.01)	(-3.55)	(-1.71)
RD^2	0.0001 ***	0.0001 ***	0.0001 ***	0.0001 ***	0.0001 **
	(8.70)	(4.38)	(6.15)	(4.39)	(2.04)
SR	0.0095 ***	0.0073	0.0170 ***	0.0077 *	0.0127
	(2.87)	(1.53)	(2.83)	(1.90)	(1.29)
GF	0.0045 *	0.0031	0.0017	0.0040	0.0027
	(1.66)	(0.74)	(0.40)	(1.20)	(0.41)
LEV	-0.0002	-0.0020	-0.0020	-0.0001	-0.0066
	(-0.10)	(-0.64)	(-0.51)	(-0.06)	(-0.95)
GDPR	-0.0014 ***	-0.0002	-0.0026 ***	-0.0020	-0.0018 *
	(-3.26)	(-0.14)	(-2.73)	(-1.33)	(-1.66)
IND	控制	控制	控制	控制	控制
YEAR	控制	控制	控制	控制	控制
N	6 058	3 211	2 847	4 265	1 793
Adj. R^2	0.253	0.250	0.294	0.269	0.271

注： *** 、 ** 、 * 分别代表在 1% 、5% 与 10% 的水平上显著，括号内为 t 值。

资料来源：作者整理。

4.2.3　稳健性分析

首先，投资者情绪会影响到企业的创新投资决策，反过来，企业的创新投资也可能通过向外部市场传达利好信息而影响投资者情绪，为检验其中的内生性问题，本部分采用二阶段最小二乘法（2sls）做稳定性分析，重新拟合模型进行回归检验，检验结果并不改变原有研究结论（4.3节的稳健性检验采用可以有效消除内生性及遗漏变量偏差问题的 GMM 估计方法进一步支持了本研究结论的稳定性）。

其次，改变投资者情绪（SENT）的度量方式，采用吴世农和汪强（2009）研究中采用的半年期动量指标来衡量。即取值为公司当年 1～6 月份的累计月股票收益率（Momentum 1－6）。由于现有的研究均表明，动量效应在半年期内显著存在，但超过半年或更长期间会发生逆转（周学琳，2002；吴世农和吴超鹏，2003；罗洪浪和王浣尘，2004；沈可挺和齐煜辉，2006）。所以本部分检验同时以前一年 7～12 月份的累计月股票收益率（Momentum 7－12）度量本年上半年的投资者情绪，以本年 1～6 月份的累计月股票收益率（Momentum 1－6）度量本年下半年的投资者情绪，同时其余变量均取值半年期观测值以保证计算口径的一致。由此，原有研究样本扩充得到 12 160个观测值。

$$\text{Momentum } 7 - 12 = \sum_{i=7}^{12} \text{Return}_{i,t-1} \qquad (4-4)$$

$$\text{Momentum } 1 - 6 = \sum_{i=1}^{6} \text{Return}_{i,t} \qquad (4-5)$$

下标 i 表示月份，t 表示年份。

将新构造的投资者情绪指标其代入原模型（4-1）中，采用最小二乘法估计方法进行重新检验。回归结果如表 4-5 所示，对于研究结论结果并未实质性改变，表明本研究结论是较稳健的。

表 4 – 5   改变投资者情绪度量方式的稳健性检验结果

变量	模型（4 – 1）	Panel A：以投资者情绪波动（ΔS）的中位数为赋值标准		Panel B：以投资者情绪波动（ΔS）的四分之三分位数为赋值标准	
		低	高	低	高
Constant	0. 0114 *	0. 0255 **	– 0. 0114 **	0. 0191 ***	– 0. 0086
	（1. 87）	（2. 52）	（– 2. 05）	（2. 59）	（– 1. 48）
INNO	0. 0005 ***	0. 0003 **	0. 0007 ***	0. 0002	0. 0008 ***
	（4. 82）	（2. 14）	（3. 85）	（1. 43）	（3. 72）
SENT	0. 0045 ***	0. 0052 *	0. 0056 *	0. 0046 **	0. 0053 ***
	（3. 82）	（1. 96）	（1. 90）	（2. 52）	（3. 22）
RD	– 0. 0048 ***	– 0. 0038 ***	– 0. 0085 ***	– 0. 0041 ***	– 0. 0075 ***
	（– 32. 50）	（– 23. 28）	（– 24. 45）	（– 25. 39）	（– 18. 21）
RD^2	0. 0003 ***	0. 0003 ***	0. 0006 ***	0. 0003 ***	0. 0005 ***
	（38. 31）	（27. 95）	（27. 18）	（30. 43）	（20. 36）
SR	0. 0113 ***	0. 0075 ***	0. 0149 ***	0. 0085 ***	0. 0167 ***
	（9. 12）	（4. 36）	（8. 56）	（5. 49）	（8. 18）
GF	0. 0002	0. 0014	0. 0008	0. 0032	0. 0010
	（0. 11）	（0. 52）	（0. 23）	（1. 24）	（0. 26）
LEV	– 0. 0124 ***	– 0. 0178 ***	– 0. 0080 ***	– 0. 0204 ***	– 0. 0079 ***
	（– 13. 61）	（– 15. 91）	（– 5. 37）	（– 20. 42）	（– 4. 39）
GDPR	– 0. 0011 **	– 0. 0017 **	0. 0004	– 0. 0012 **	0. 0001
	（– 2. 51）	（– 2. 40）	（1. 10）	（– 2. 24）	（0. 32）
IND	控制	控制	控制	控制	控制
YEAR	控制	控制	控制	控制	控制
N	12 160	7 183	4 977	8 690	3 470
Adj. R^2	0. 419	0. 359	0. 509	0. 374	0. 509

注：*** 、 ** 、 * 分别代表在 1%、5% 与 10% 的水平上显著，括号内为 t 值。
资料来源：作者整理。

4.3　基于制度背景、公司特征的进一步检验

为了进一步验证投资者情绪在技术创新中的调节效应，以及在中国的制度背景下有何特殊性，余下 4.3 节的内容分别按照样本公司的实际控制人类型、高新技术属性等分组，对原模型（4-1）、模型（4-2）进行检验。模型（4-2）中引入了公司创新产出（INNO）与投资者情绪（SENT）交乘项 S×I，为了避免共线性问题，交乘的两个变量均进行了中心化处理。由交乘项 S×I 的构造原理可知，投资者情绪对于公司创新产出与下期创新投入的调节效应由 $\alpha_1 + \alpha_3 \times SENT$ 的系数大小及显著性水平决定。

4.3.1　基于政府控制背景的检验

表 4-6 按照实际控制人类型将全部样本区分为政府控制的公司组与非政府控制的公司组两大类，其中政府控制的上市公司（包括中央与地方国有）观测值为 2 132，非政府控制（包括民营与外资）的上市公司观测值为 3 926。实际控制人数据来自台湾经济新报 TEJ 数据库。

表 4-6　　　　　　　　　　基于政府控制背景的分组检验

变量	Panel A：政府控制的公司		Panel B：非政府控制的公司	
	（4-1）	（4-2）	（4-1）	（4-2）
Constant	0.0168	0.0169	0.0211	0.0207
	(1.19)	(1.21)	(1.45)	(1.42)
INNO	0.0004	0.0010 *	0.0005 **	0.0006 **
	(1.58)	(1.67)	(2.24)	(2.17)

续表

变量	Panel A：政府控制的公司		Panel B：非政府控制的公司	
	（4－1）	（4－2）	（4－1）	（4－2）
SENT	0.0036 ***	0.0001	0.0036 ***	0.0022 **
	（9.49）	（0.23）	（5.66）	（2.11）
S×I		0.0014		0.0005 **
		（1.30）		（2.58）
RD	－0.0031 ***	－0.0035 ***	－0.0018 ***	－0.0018 ***
	（－11.21）	（－12.52）	（－5.84）	（－5.87）
RD^2	0.0002 ***	0.0002 ***	0.0001 ***	0.0001 ***
	（14.99）	（16.32）	（7.10）	（7.11）
SR	0.0038	0.0031	0.0083 *	0.0083 **
	（1.50）	（1.25）	（1.96）	（1.96）
GF	－0.0068	－0.0056	0.0078 **	0.0078 **
	（－1.53）	（－1.27）	（2.11）	（2.11）
LEV	－0.0143 ***	－0.0134 ***	－0.0027	－0.0026
	（－7.31）	（－6.91）	（－0.95）	（－0.92）
GDPR	－0.0022 ***	－0.0011	－0.0011 **	－0.0012 **
	（－2.89）	（－1.18）	（－2.17）	（－2.19）
IND	控制	控制	控制	控制
YEAR	控制	控制	控制	控制
N	2 132	2 132	3 926	3 926
Adj. R^2	0.331	0.382	0.217	0.217

注：***、**、* 分别代表在1%、5%与10%的水平上显著，括号内为 t 值。
资料来源：作者整理。

　　Panel A 的政府控制的公司组别中，模型（4－1）的回归结果显示，投资者情绪（SENT）的回归系数在1%的水平上显著为正，表明投资者情绪对政府控制背景的上市公司的创新投入具有正向影响，但公司创新（INNO）的回归系数并不显著，表明政府控制的公司的创新产出对于后续的创新投入的促进作用并不明显。模型（4-2）的回归结果显示，投资者情绪（SENT）的回归系数、交乘项 S×I 的回归系数均不显著，表明投资者情绪对于技术创新的这种正向调节效应在政府控制的上市公司中不存在。

Panel B 的非政府控制的上市公司组别中，模型（4-1）的回归结果显示，公司创新产出（INNO）的回归系数、投资者情绪（SENT）的回归系数均显著为正，表明公司创新产出、投资者情绪对于未来创新投入的正向影响在非政府控制的上市公司中存在。模型（4-2）的回归结果显示，公司创新产出（INNO）、投资者情绪（SENT）及交乘项 S×I 的回归系数均在 5% 水平显著为正，表明投资者情绪对于技术创新的正向调节效应在非政府控制的上市公司中存在，支持了我们之前的研究假说3。

4.3.2　基于高新技术属性的检验

4.3.2.1　基于高新技术属性的分组检验

表4-7 以是否为高新技术企业分别对模型（4-1）、模型（4-2）进行了分组检验。其中高新技术上市公司的观测值为 4 086，非高新技术上市公司的观测值为 1 972。高新技术企业数据来自台湾经济新报 TEJ 数据库。

表4-7　　　　　　　　基于高新技术属性的分组检验

变量	Panel A：高新技术公司		Panel B：非高新技术公司	
	（4-1）	（4-2）	（4-1）	（4-2）
Constant	0.0118	0.0108	0.0152	0.0149
	(1.05)	(0.97)	(1.32)	(1.31)
INNO	0.0006***	0.0008***	0.0001	0.0005
	(2.91)	(3.98)	(0.41)	(0.76)

续表

变量	Panel A：高新技术公司		Panel B：非高新技术公司	
	(4-1)	(4-2)	(4-1)	(4-2)
SENT	0.0045 ***	0.0002 **	0.0035 ***	0.0009 *
	(12.34)	(2.27)	(8.50)	(1.70)
S×I		0.0014 ***		0.0011
		(7.96)		(1.14)
RD	-0.0049 ***	-0.0053 ***	-0.0043 ***	-0.0046 ***
	(-18.78)	(-20.09)	(-14.06)	(-14.86)
RD^2	0.0003 ***	0.0004 ***	0.0003 ***	0.0003 ***
	(23.21)	(24.52)	(16.98)	(17.73)
SR	0.0104 ***	0.0107 ***	0.0118 ***	0.0112 ***
	(5.51)	(5.73)	(4.48)	(4.27)
GF	0.0087 **	0.0095 **	-0.0105 **	-0.0096 **
	(2.35)	(2.56)	(-2.24)	(-2.07)
LEV	-0.0120 ***	-0.0111 ***	-0.0091 ***	-0.0083 ***
	(-7.40)	(-6.89)	(-4.06)	(-3.73)
GDPR	-0.0010	-0.0009	-0.0012	-0.0013
	(-1.38)	(-1.32)	(-1.57)	(-1.64)
IND	控制	控制	控制	控制
YEAR	控制	控制	控制	控制
N	4 086	4 086	1 972	1 972
Adj. R^2	0.374	0.384	0.434	0.441

注：*** 、** 、* 分别代表在 1%、5% 与 10% 的水平上显著，括号内为 t 值。
资料来源：作者整理。

由 Panel A 和 Panel B 的对比可知，模型（4-1）的回归结果中，高新技术公司组的创新产出（INNO）的回归系数在 1% 水平上显著为正，在非高新技术公司组中并不显著；投资者情绪（SENT）的回归系数在高新技术公司组与非高新技术公司组中均在1%水平上显著为正，表明无论是高新技术公司还是非高新技术公司，投资者情绪对其创新投入均具有重要的正向影响，这也进一步验证了我们之前的研究假说1。由模型（4-2）回归结果可以看出，在高新技术公司组，创新产出（INNO）的回归系数、投资者情绪（SENT）及交乘项S×I的回归系数均在不同水平上显著为正，表明投资者情绪显著增强了公司创新产出对于高新技术公司未来创新投入的敏感性，但此调节效应在非高新技术公司组中并不显著。

4.3.2.2 基于融资约束程度的分组检验

表4-8在表4-7的基础上，以融资约束程度对模型（4-2）进行进一步分组检验．本部分首先参考卡普兰和津加莱斯（Kaplan & Zingales，1997）的研究，根据公司经营性现金流、股利、现金持有、资产负债率与托宾Q等财务指标计算每一样本公司的KZ指数，然后取均值进行赋值，分为融资约束程度较低与较高的两组，分组回归结果如下所示。在Panel A的高新技术公司组，融资约束程度较高的组中，公司创新产出（INNO）的回归系数与交乘项S×I的回归系数均在1%水平上正向显著，$\alpha_1 + \alpha_3 \times SENT$ 高于融资约束程度较低的组别，且融资约束程度较低的组中，投资者情绪（SENT）的回归系数 α_2 并不显著；同样的，Panel B的非高新技术公司组中 $\alpha_1 + \alpha_3 \times SENT$ 也不显著。由此可以得出结论，投资者情绪对于公司创新产出与下期创新投入的正向调节效应在具有较高融资约束程度的高新技术公司组中尤为显著，这与我们之前的研究假说4相吻合。

表4-8 以融资约束程度进行进一步分组检验

变量	Panel A：高新技术公司		Panel B：非高新技术公司	
	较高	较低	较高	较低
Constant	0.0012 (0.08)	0.0222 (1.26)	0.0111 (0.64)	0.0116 (0.78)

续表

变量	Panel A：高新技术公司		Panel B：非高新技术公司	
	较高	较低	较高	较低
INNO	0.0015 ***	0.0006 **	0.0001	0.0008 **
	(5.44)	(2.13)	(0.22)	(2.57)
SENT	0.0035 **	0.0009	0.0007	0.0005
	(2.13)	(1.07)	(0.52)	(0.68)
S×I	0.0015 ***	0.0016 **	0.0007 *	0.0009
	(3.10)	(2.02)	(1.91)	(1.04)
RD	-0.0082 ***	-0.0038 ***	-0.0082 ***	-0.0031 ***
	(-18.95)	(-12.07)	(-12.97)	(-9.58)
RD^2	0.0005 ***	0.0003 ***	0.0005 ***	0.0002 ***
	(22.42)	(15.03)	(14.86)	(11.91)
SR	0.0113 ***	0.0066 **	0.0112 ***	0.0075 **
	(4.87)	(2.04)	(2.91)	(1.97)
GF	-0.0001	0.0105 **	-0.0272 ***	0.0014
	(-0.01)	(2.21)	(-3.08)	(0.27)
LEV	-0.0076 **	-0.0223 ***	-0.0168 **	-0.0029
	(-2.13)	(-6.96)	(-2.48)	(-0.85)
GDPR	-0.0003	-0.0015	-0.0007	-0.0011
	(-0.32)	(-1.42)	(-0.60)	(-1.12)
IND	控制	控制	控制	控制
YEAR	控制	控制	控制	控制
N	2 285	1 801	794	1 178
Adj. R^2	0.384	0.408	0.332	0.320

注：*** 、** 、* 分别代表在1%、5%与10%的水平上显著，括号内为 t 值。

资料来源：作者整理。

4.3.2.3 稳健性检验

为了检验模型设定可能存在的异方差与内生性问题，借鉴了阿雷拉诺和
邦德（Arellano & Bond, 1991）的 GMM 估计方法①，同时为了避免使用一阶
差分消除个体效应增加样本的缺失值，我们用垂直离差转换方法消除个体效
应。工具变量选择被解释变量的滞后三到四期。表4－9报告了主要测试变量
的检验结果，可以看出本部分的研究模型与结论并无偏误，具有稳健性。

表4－9　　　　　　　　　采用 GMM 分析方法的稳健性检验

变量	Panel A：高新技术公司		Panel B：非高新技术公司	
	较高	较低	较高	较低
Constant	0. 0051 ***	－ 0. 0130 ***	0. 0197 ***	－ 0. 0170 ***
	(4. 18)	（－3. 47）	(3. 38)	（－4. 76）
INNO	0. 0020 ***	0. 0014 ***	0. 0006	0. 0027 ***
	(6. 96)	(5. 28)	(1. 36)	(12. 70)
SENT	0. 0033 **	0. 0055 *	0. 0007	0. 0007
	(2. 52)	(1. 74)	(0. 32)	(0. 59)
S × I	0. 0006 **	0. 0003	0. 0003	0. 0001
	(1. 99)	(1. 05)	(1. 05)	(0. 33)
Sargan Test	0. 2166	0. 2166	0. 2166	0. 2166
AR(1)	0. 0000	0. 0000	0. 0000	0. 0000
AR(2)	0. 1760	0. 1760	0. 1760	0. 1760
N	2 285	1 801	794	1 178
Adj. R^2	0. 353	0. 342	0. 300	0. 408

注：***、**、*分别代表在1%、5%与10%的水平上显著，括号内为t值。AR(1)、AR(2)、
Sargan Test 行均表示的是 p 值。

资料来源：作者整理。

────────────

① GMM 估计方法可以较好地消除内生性，能在一定程度上解决不可观测变量与解释变量的相
关性问题，或由于遗漏某些重要解释变量带来的偏差。由于在任何模型设计中都难以包含所有可能重
要的解释变量，这对实证检验尤为重要（Horioka & Wan, 2006）。

4.4　本章小结

本章立足于中国特殊的制度背景与经济转型期的资本市场现实，将金融市场中的投资者非理性行为与企业微观的研发创新活动相结合，构建个股层面的投资者情绪指数，基于中国上市公司 2007～2014 年数据，用固定效应面板模型实证检验了在管理者理性迎合的视角下，投资者情绪对于公司创新投资的影响。本章的实证检验结果表明：

（1）公司创新产出、投资者情绪与创新投入强度显著正相关，投资者情绪波动幅度越大，公司创新产出对创新投入水平的敏感性越高。

（2）进一步区分政府控制的制度背景与高新技术企业属性后发现，投资者情绪的上述调节效应在非政府控制的上市公司、具有更高融资约束程度的高新技术公司更为显著。

本章的研究结论表明：企业的创新投资活动投入大、周期长、风险高、投资收益不确定且滞后，并存在小企业"搭便车"等外部性问题，往往导致其投入不足（Jones，1997；Johnson，2007；Aramonte，2015）。即使专利保护与先发优势可以在一定程度上消除这些外部性，但是研发活动的私人回报仍然低于社会回报（Griliches，1992），研发创新的均衡水平低于社会最佳水平。即使不存在外部性问题，市场失灵等也会约束技术创新活动，使其低于最佳均衡水平。而高涨的外部投资者情绪能够通过改善企业的外部融资环境，降低融资成本。并且高涨的投资者情绪带来公司股价高企的同时也会引致净财富及抵押资产价值的增加，增强公司的信贷融资能力，这些均有助于缓解研发融资约束，使企业获得较充分的研发资金支持。而理性的公司经理人出于维持或者推高短期股票价格等动机，存在迎合投资者的兴趣或预期而投资于新技术的倾向，特别是对于已具有研发创新经验与前期基础的企业，例如已经形成专利的企业，其研发的调整成本与风险相对较低，迎合市场情绪进行后续创新投入的积极性会相对更高。这种内在作用机理使得资本市场中的投资者情绪显现出有助于抵消创新活动在技术扩散中的摩擦与冲突，促进企业创新投资的"表象"结论。

投资者情绪对企业创新
投资的影响研究

Chapter 5

第5章 投资者情绪影响企业创新投资的实证
研究——基于管理者非理性视角

本章基于投资者与管理者有限理性共存的事实，以管理者非理性视角，立足于中国经济转型期的资本市场现实，将制度因素与心理因素引入微观企业技术创新的研究领域，通过彻底放松"市场有效性假说"与"完全理性人假说"，将投资者情绪与管理者过度自信纳入同一研究框架内，运用多元层次回归方法构建联立方程，实证检验了投资者情绪对于公司创新投资影响的存在性及影响渠道。并通过区分创新投入的方式试图检验在"管理者过度自信"的中介作用下，投资者情绪对于公司创新投资的影响是否因创新投入方式不同而存在异质性。此外，进一步的引入制度因素与股权结构特征对这种影响进行深度分析。

5.1 实证研究设计

鉴于本章旨在检验"管理者过度自信"是否是投资者情绪影响公司创新投资的影响渠道，即"管理者过度自信"是否在其中具有中介作用，因此，5.1.1 节首先对中介效应的检验程序进行阐释。

5.1.1 中介效应的检验方法

5.1.1.1 中介变量与中介效应

中介变量（mediator）是统计学中一个十分重要的概念。即，若 X 通过 M 影响 Y，则变量 M 即为中介变量。例如，"父母的经济地位"会影响"子女的教育程度"，进而影响"子女的经济地位"，则"子女的教育程度"即为"父母的经济地位"作用于"子女的经济地位"的中介变量。又如，企业研发团队的社会资本会通过团队的知识分享与整合，进而影响整个研发团队的效能。则团队的知识分享与整合即为此影响过程的中介变量（柯江林等，

2007）。在本章的研究中，投资者情绪或通过"塑造"管理者的过度自信，进而对公司的创新投资产生影响，则"管理者过度自信"即为中介变量。

假设：X 为自变量，Y 为因变量，M 为其中的中介变量，可用如下的路径图 5 – 1 来描绘 X、M、Y 三者之间的关系。那么，c 为 X 影响 Y 的总效应，c′为 X 影响 Y 的直接效应，ab 为 X 影响 Y 的间接效应，即通过中介变量 M 起作用的中介效应。

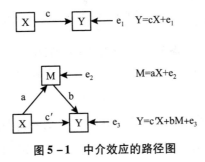

图 5 – 1 中介效应的路径图

资料来源：温忠麟，等. 中介效应检验程序及其应用 [J]. 心理学报，2004，36（5）：614 – 620。

5.1.1.2 中介效应的检验程序

根据温忠麟等（2004）提出的中介效应检验程序（见图 5 – 2），若 X、Y、M 均为可观测变量即显变量，且变量之间为单向路径关系，即如图 5 – 1 所示，代表变量之间的路径关系的直线箭头均为单向，无反向或循环箭头，且各路径方程的误差项之间也无弧形箭头，我们称之为递归模型。在这种情况下，就可以依次做如下回归来替代路径分析，这种中介效应检验程序包括了逐步检验与 Sobel 检验：

第一步，做 Y 对于 X 的回归检验。若 X 的回归系数 c 显著，说明 X 与 Y 之间存在线性关系，可依次做下步检验；反之，若 X 的回归系数不显著，即无统计学意义，则说明 X 与 Y 之间不存在线性关系，当然也不就存在中介效应，此时停止中介效应分析。

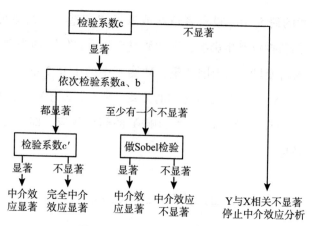

图 5 - 2　中介效应的检验程序

资料来源：温忠麟，等. 中介效应检验程序及其应用［J］. 心理学报，2004，36（5）：614 - 620。

第二步，依次对图 5 - 1 中的第二和第三个方程进行回归检验，若 X 与 M 的回归系数 a、b 均显著，说明 X 至少部分通过 M 影响 Y，M 起到了中介作用，犯第一类错误的概率小于或等于 5%，可进行第三步检验程序；若至少有一个不显著，表明此种检验方法犯第二种错误的概率较大，暂还不能下定论，需转到第四步的 Sobel 检验。

第三步，进行第三个方程的回归分析，若 X 的回归系数 c' 显著，表明 X 与 Y 的影响部分地通过 M 这个中介变量起作用，此时 M 扮演了部分中介的角色。若 X 的回归系数 c' 不显著，则表明 X 完全通过 M 这个中介变量对 Y 起作用，此时 M 扮演了完全中介的角色。

第四步，进行 Sobel 检验，若检验结果显著，表明在 X 影响 Y 的过程中，存在 M 的中介效应；若结果不显著，则表明不存在中介效应，至此中介效应的检验程序完毕。

这种中介效应的检验程序的优点在于检验中所犯的第一类和第二类错误之和的概率通常比单一检验方法要少，既可以做完全中介效应检验，也可以做部分中介效应检验，且较易于实施。因此，近年来被广泛应用。如：朱焱和张孟昌（2013）、余丽霞和王璐（2015）、邓曦东和张满（2016）等文献的研究中都应用了此种方法。

5.1.2 研究模型与变量设计

5.1.2.1 研究模型设计

本章的研究旨在检验"管理者过度自信"是否是投资者情绪影响公司创新投资的影响渠道，即"管理者过度自信"是否在其中具有中介作用，根据前述 5.1.1 节介绍的温忠麟等（2004）的中介效应检验程序，在借鉴花贵如等（2011、2014）研究模型的基础上，构建如下递归模型，用以检验研究假说 5 和假说 6：

$$RDr = \alpha_0 + \alpha_1 \times SENT + \sum CONTROL + \sum YEAR + \sum IND + \varepsilon_1$$
$$(5-1)$$

$$OC = \alpha_0 + \alpha_1 \times SENT + \sum CONTROL + \sum YEAR + \sum IND + \varepsilon_2$$
$$(5-2)$$

$$RDr = \alpha_0 + \alpha_1 \times SENT + \alpha_2 \times OC + \sum CONTROL$$
$$+ \sum YEAR + \sum IND + \varepsilon_3 \qquad (5-3)$$

模型（5-1）、模型（5-3）为线性 OLS 回归，模型（5-2）为二元 Logistic 逻辑回归。其中，α_0 为截距，α_i 为系数，ε_i 为残差，各变量的定义参见表 5-1。

因上述递归模型中的变量均为显变量，根据温忠麟等提出的中介效应检验程序，可以依次做回归分析来替代路径分析，用以检验中介效应。本研究模型的构建逻辑是：

表 5 - 1   变量定义

变量类型	变量名称	变量代码	变量定义及取值方法
测试变量	创新投入	RDr	研发支出/主营业务收入
		ERDr	探索式创新投入，研究阶段支出/主营业务收入
		DRDr	开发式创新投入，开发阶段支出/主营业务收入
	管理者过度自信	OC1	高管相对薪酬指标，高于中位数取值1，否则为0
		OC2	高管持股变化指标，排除分红、增发配股、股权激励等原因后若增持公司股票，取值1，否则为0
	投资者情绪	SENT	个股的投资者情绪综合指数
控制变量	现金流量	CF	经营活动净现金流量/期末总资产
	研发支出	RD	研发支出的自然对数
	营业利润率	SR	（营业收入－营业成本）/营业收入
	资产负债率	LEV	期末总负债/期末总资产
	企业规模	SIZE	企业期末总资产的自然对数
	股权集中度	HHI5	公司前五位大股东持股比例平方之和
	独立董事规模	DDSIZE	公司独立董事人数
	高管持股比例	GGCG	高管持股数量/期末总股本
	年龄	AGE	公司高管年龄平均数
	性别	GENDER	公司高管男女比例
	高新技术属性	HTECH	高新技术公司取值为1，否则为0
	政府控制属性	STATE	实际控制人为国有取值为1，否则为0
	地区	LOCATION	东部地区取0，中部地区取1，西部地区取2
	经济周期	GDPR	国内生产总值年增长率
	行业	IND	参照证监会2012年行业分类指南，制造业按二级代码分类，其他行业按照一级代码分类，共计17个行业虚拟变量
	年度	YEAR	选取2007~2014年，共7个年度虚拟变量

资料来源：作者整理。

首先对模型（5-1）进行回归，检验投资者情绪对公司创新投资影响的存在性。若投资者情绪（SENT）的回归系数 α_1 显著，表明投资者情绪确实影响公司的创新投资，则依次对模型（5 - 2）、模型（5 - 3）进行回归；若回归结果中，模型（5 - 2）中的 α_1 与模型（5 - 3）中的 α_2 均显著，表明投资者情绪影响公司创新的过程中，至少部分地通过"管理者过度自信"产生作用，即高涨的投资者情绪会诱导（激发）管理者的同质心理，使其产生过度自信与乐观的心理偏差，进而影响公司的创新投资。若此时管理者过度自信（OC）的回归系数 α_2 显著，说明在投资者情绪影响公司创新投资的过程中，"管理者过度自信"扮演了部分中介的作用；若此时 α_2 不显著，则说明"管理者过度自信"扮演了完全中介的作用。若回归结果中，模型（5 - 2）中的 α_1 与模型（5 - 3）中的 α_2 至少有一个不显著，表明此种检验方法犯第二种错误的概率较大，暂还不能下定论，需做 Sobel 检验，若检验结果显著，表明存在中介效应，反之，则不存在中介效应。

若研究假说 5 通过检验，更进一步地，通过将模型（5 - 3）中的被解释变量创新投入（RDr）细分为探索式创新投入（EDRr）、开发式创新投入（DDRr），构建如下模型（5 - 4），用以检验研究假说 6，即在"管理者过度自信"的中介作用下，投资者情绪对于公司创新投资的影响因创新投入方式不同而存在差异性。

$$\text{EDRr(DDRr)} = \alpha_0 + \alpha_1 \times \text{SENT} + \alpha_2 \times \text{OC} + \sum \text{CONTROL}$$

$$+ \sum \text{YEAR} + \sum \text{IND} + \varepsilon_4 \qquad (5-4)$$

其中，α_0 为截距，α_i 为系数，ε_i 为残差，各变量的定义参见表 5 - 1。

5.1.2.2 变量设计

本研究模型中的主要变量界定参见表 5 - 1。其中，测试变量包括创新投入变量、管理者过度自信变量与投资者情绪变量。

1. 创新投入变量（RDr）。

《企业会计准则第 6 号——无形资产》中把企业的 R&D 投资划分为研究

阶段（R）的投资与开发阶段（D）的投资，借鉴卡曼和施瓦茨（Kamien & Schwartz，1976）的研究，唐清泉和肖淑莲（2012）将企业的创新投资区分为探索式创新投资和开发式创新投资，认为当 R > 0 时企业进行了探索式创新投资，而 R = 0，D > 0 时，企业进行了开发式创新投资。按照上述思路，翟淑萍和毕晓芳（2016）定义研究阶段（R）的投资为探索式创新投资，开发阶段（D）的投资为开发式创新投资，对管理者过度自信与创新投资的关系进行了实证检验。参照此文献的做法，本部分的研究按照创新投资风险类型不同细分为探索式创新投入（ERDr）与开发式创新投入（DRDr），将研究阶段研发支出的本期增加数视为探索式创新投入，将开发阶段研发支出的本期增加数视为开发式创新投入，并同除以主营业务收入以使计算口径一致，以消除公司规模的影响（Bah & Dumontier，2001；周杰和薛有志，2008；卢锐，2014）。

2. 投资者情绪变量（SENT）同第 4 章的变量设计一样，采用主成分分析法构造个股层面的投资者情绪综合指数，这里不再赘述。

3. 管理者过度自信变量（OC）。

依据郝颖等（2005）、姜付秀等（2009）等主流文献的做法，我们选择了两个替代变量衡量管理者自信程度，以保证研究结论的稳健。

OC1 变量为高管相对薪酬指标。采用这种做法的依据是，已有研究认为，管理者在公司的相对薪酬越高，代表其在公司的地位越重要，对于公司经营决策的控制力越强，易产生过度自信心理（Hayward & Hambrick，1997；Brown & Sarma，2006；姜付秀等，2009）。鉴于数据的可得性，该指标首先计算公司薪酬最高的前三位高管薪酬之和/全部高管薪酬之和，该比值越高，代表自信程度越高。比值高于中位数的，赋值为 1，代表过度自信，反之赋值为 0。

OC2 变量为高管持股变化指标。采用这种做法的依据是，排除分红、增发配股、股权激励等原因后，若在上一年基本每股收益增长率为负数的情况下，公司管理者仍增持本公司股票，则判定管理者对于公司未来预期过度自信或乐观（郝颖等，2005；叶蓓和袁建国；2008；林慧婷和王茂林，2014），此时赋值为1，否则赋值为0。

同时，我们统计了这两种管理者过度自信替代变量的相关性，如表5-2的主要变量的 Pearson 相关系数表中所示，OC1 与 OC2 的相关系数在1% 水平显著为正，表明这两种变量的设置较合理。

模型（5-1）、模型（5-3）、模型（5-4）中的控制变量相同，参照主流文献的做法，主要包括：现金流量（GF）、研发支出（RD）、营业利润率（SR）、资产负债率（LEV）、企业规模（SIZE）、股权集中度（HHI5）、高新技术属性（HTECH）、政府控制属性（STATE）、地区虚拟变量（LOCATION）、经济周期变量（GDPR）。模型（5-2）中的控制变量除了包括企业规模（SIZE）、股权集中度（HHI5）以外，还包括高管年龄（AGE）、高管性别（GENDER）等管理层特征变量。考虑到时间效应及行业因素对于企业创新投资的影响，上述模型中均加入了年度虚拟变量（YEAR）和行业虚拟变量（IND）。

5.1.3　样本选择与数据来源

本部分初始样本与上一章相同，选自 2006～2014 年沪、深两市的 A 股非 ST 非金融类上市公司，样本的处理标准：首先剔除公司年报中研发支出数据未连续披露、数据无法计算或明显异常及财务数据缺失的上市公司观测值；其次，因为本研究涉及管理层特征与公司治理相关数据，管理层发生变更会对此存在影响，所以剔除董事长或总经理等高层管理人员当年发生变更的公司观测值；最后，鉴于公司创新投资政策的制定必先于政策实施，且为避免内生性问题，模型中所有控制变量均取滞后一期观测值①。最终，本研究样

---

① 考虑到前期研发投入水平对于后期存在影响，本研究经过逐步回归测试，在模型中控制了滞后两期的研发支出数。因此，为了与整体样本研究期间相符，研发支出数据搜集的样本实际期间为 2005～2014 年，取滞后两期后为 2007～2014 年。

本区间为 2007～2014 年，共获得 2 277 家公司，10 160 个年度观测值，样本中所有连续型变量均在上、下各 0.5% 分位数进行了 Winsorized 处理。本研究样本中的公司财务数据取自国泰安 CSMAR 数据库，股票金融数据取自锐思 RESSET 金融数据库，公司治理特征数据取自色诺芬 CCER 经济金融数据库。其中，研发支出数据经国泰安 CSMAR 数据库上市公司年报手工整理获得。本研究数据的处理与分析使用了 Excel 2010、Stata 13.0 软件。

5.2　实证结果分析

5.2.1　描述性统计结果与分析

表 5－2 报告了模型主要变量的 Pearson 相关系数。可以直观地看出，模型中的被解释变量与各控制变量的相关系数均小于 5%，表明不存在严重的共线性问题，可用以回归分析。投资者情绪（SENT）与创新投入（RDr）的相关系数在 1% 水平显著为正，表明投资者情绪对于创新投入确有促进作用，初步验证了研究假说 H5a。投资者情绪（SENT）与管理者过度自信（OC1）、（OC2）均在 1% 水平显著为正，在一定程度上表明投资者情绪对于管理者过度自信心理具有"塑造"作用，高涨的投资者情绪可以通过"塑造"激发管理者过度自信的同质心理，初步验证了研究假说 H5b。管理者过度自信（OC2）与创新投入（RDr）的相关系数在 1% 水平显著为正，表明管理者过度自信对企业创新投入具有"驱动"作用，初步验证了研究假说 H5c。管理者过度自信（OC1）、（OC2）的相关系数在 1% 水平显著为正，表明二变量设置的合理性。更为可靠的结论还需进一步实证检验。

表 5－3 区分实际控制人类型，分别报告了政府控制的公司组与非政府的公司组经过标准化的模型测试变量的描述性统计结果，并且做了分组均值的

表 5-2

主要变量的 Pearson 相关系数

	RDr	SENT	OC1	OC2	RD₋₁	SR	CF	LEV	STATE	HTECH	SIZE	HH5	AREA	GDPR
RDr	1													
SENT	0.1120***	1												
OC1	0.0029	0.1088***	1											
OC2	0.149***	0.088*	−0.051***	1										
RD₋₁	0.5392***	−0.1026***	−0.0374***	0.1000***	1									
SR	0.3680***	0.1533***	0.0360***	0.0800***	0.1006***	1								
CF	−0.0311*	0.0568***	0.0108	0.0160	−0.0748*	0.1822*	1							
LEV	−0.4354***	−0.3804***	−0.0837*	−0.0840***	−0.3673***	−0.4240***	−0.0712*	1						
STATE	−0.3110***	−0.1870***	−0.0610***	−0.1620***	−0.3260***	−0.1930***	0.0940***	0.362***	1					
HTECH	0.2639***	0.0831***	−0.0234*	0.1000***	0.3770***	0.0599*	−0.0492*	−0.1910***	−0.1910***	1				
SIZE	−0.2688***	−0.6475***	−0.1501***	−0.0780***	−0.1405***	−0.1828*	0.0696***	0.5050***	0.3850***	−0.1935***	1			
HH5	−0.0743*	−0.1592*	0.0208*	−0.1450***	0.0133	0.00230	0.0512*	0.1346*	0.1350*	−0.0508*	0.2515*	1		
AREA	−0.1175*	−0.000200	−0.1293*	−0.0720***	−0.1189*	−0.0107	0.0434*	0.1767*	0.1770*	0.0802*	−0.00180	−0.0485*	1	
GDPR	−0.2552*	0.4580*	0.0103	−0.0200*	−0.4222*	−0.0599*	0.00380	0.1649*	0.1650*	−0.0973*	−0.0508*	−0.0106	0.0475*	1

注：***、**、*分别代表在 1%、5% 与 10% 的水平显著。表中未具体列示 ERDr 和 DRDr，因篇幅所限，但二者的相关系数可参考 RDr 得知。

资料来源：作者整理。

表 5 - 3

测试变量的描述性统计结果

变量	平均值			均值差异的 T检验	标准差	中位数	最小值	最大值
	全样本 (N = 10 160)	政府控制 (N = 4 375)	非政府控制 (N = 5 785)					
RDr	0.0256	0.0114	0.0365	33.0184 ***	0.0399	0.0077	0	0.2369
ERDr	0.0194	0.0082	0.0279	33.5864 ***	0.0308	0.0011	0	0.1661
DRDr	0.0058	0.0032	0.0078	12.1258 ***	0.0192	0	0	0.1284
SENT	-0.2014	-0.1528	-0.2381	-19.1503 ***	1.0369	0.0348	-2.3073	2.7895
OC1	0.4432	0.4085	0.4695	6.1429 ***	0.4968	0	0	1
OC2	0.2857	0.2014	0.3495	16.5866 ***	0.4518	0	0	1

注：***、**、*分别代表在1%、5%与10%的水平显著。

资料来源：作者整理。

差异性检验。可以看出，创新投入变量（RDr）的全样本均值仅为 2.56%，表明 A 股上市公司整体的创新投入强度不高，与达到 5% 才具竞争力的国际标准尚有差距（潘承烈，2006）。非政府控制的公司组的创新投入变量（RDr）的均值在 1% 水平显著高于政府控制的公司组。表明相对于政府控制的上市公司而言，非政府控制的上市公司的创新投入水平较高。全样本中的探索式创新投入（ERDr）的均值略高于开发式创新投入（DRDr）的均值，表明 A 股上市公司整体具备一定的技术创新意识，这与近年来政府出台的各种创新激励政策的引导不无关系。投资者情绪变量（SENT）的均值为负，表明样本期间市场主体情绪较低落。政府控制的上市公司的投资者情绪变量（SENT）略高于非政府控制的上市公司，表明非政府控制的公司更易被投资者误定价。不管是政府控制或是非政府控制的上市公司，管理者过度自信变量（OC1）、（OC2）均小于 0.5，表明样本期间的中国资本市场的管理者情绪较为悲观，这也与投资者情绪的整体趋势相吻合，间接表明投资者情绪对于管理者个体情绪的"同向"影响。而政府控制的公司的管理者自信程度要略低于非政府控制的公司，这或与政府的政策管制有关。

5.2.2 回归检验结果与分析

5.2.2.1 管理者过度自信对于投资者情绪与创新投入影响的中介效应检验

表 5–4 中，依照温忠麟等（2004）的中介效应检验程序，对模型（5–1）~（5–3）进行逐步回归。模型（5–1）中，投资者情绪（SENT）的回归系数 α_1 在 1% 水平显著为正，表明投资者情绪对创新投入存在促进作用，研究假说 H5a 通过检验。此外，我们发现，地区属性变量（LOCATION）的回归系数 α_{16} 在 1% 水平显著为负，表明东中西部地区间创新投入水平存在明显差异，东部地区最强，西部最弱，这与地区间的经济发展水平相吻合。经济周

期变量（GDPR）的回归系数 α_{17} 在 1% 水平显著为负，表明中国的创新投资确有逆经济周期的特征，支持了吴晓波等（2011）的研究结论。

表 5 − 4　　　　　　　　模型（5 − 1）~（5 − 3）的实证检验结果

变量	符号	模型（5 − 1）	模型（5 − 2）		模型（5 − 3）	
		RDr	OC1	OC2	RDr	
Constant	α_0	0.0195 *** (2.45)	2.8752 *** (4.33)	− 3.8359 *** （− 5.2）	0.0217 *** (2.70)	0.0202 ** (2.54)
SENT	α_1	0.0034 *** (3.99)	0.1457 *** (2.61)	0.4635 *** (7.61)	0.0034 *** (4.03)	0.0031 *** (3.70)
OC1	α_2				0.0015 ** (2.61)	
OC2						0.0028 *** (4.03)
RD_{-1}	α_3	0.0019 *** (18.82)			0.0019 *** (18.80)	0.0019 *** (18.76)
RD_{-2}	α_4	0.0013 *** (11.70)			0.0013 *** (11.66)	0.0013 *** (11.70)
SR	α_5	0.0576 *** (22.79)			0.0576 *** (22.78)	0.0572 *** (22.64)
CF	α_6	− 0.0312 *** （− 9.15）			− 0.0309 *** （− 9.08）	− 0.0314 *** （− 9.21）
LEV	α_7	− 0.0158 *** （− 8.81）			− 0.0158 *** （− 8.84）	− 0.0160 *** （− 8.93）
HTECH	α_8	0.0022 ** (3.11)			0.0022 *** (3.09)	0.0020 ** (2.85)
STATE	α_9	0.0003 (0.54)			0.0003 (0.54)	0.0006 (1.01)

续表

变量	符号	模型（5-1）	模型（5-2）		模型（5-3）	
		RDr	OC1	OC2	RDr	
SIZE	α_{10}	-0.0007 (-1.48)	0.2188 *** (5.92)	0.2755 *** (6.80)	-0.0008 * (-1.68)	-0.0008 * (-1.80)
HHI5	α_{11}	-0.0085 *** (-3.64)	1.1470 *** (6.20)	2.8883 *** (12.8)	-0.0081 *** (-3.46)	-0.0071 *** (-3.05)
AGE	α_{12}		-0.0284 *** (-4.0)	-0.0226 *** (-2.8)		
GENDER	α_{13}		-1.0196 *** (-4.9)	-0.2937 *** (-1.2)		
GGCG	α_{14}		-0.0008 (0.48)	0.0151 *** (9.00)		
DDSIZE	α_{15}		-0.8239 *** (-9.09)	0.2063 ** (2.13)		
LOCATION	α_{16}	-0.0021 *** (-5.33)			-0.0023 *** (-5.59)	-0.0020 *** (-5.08)
GDPR	α_{17}	-0.0015 *** (-3.55)			-0.0015 *** (-3.59)	-0.0015 *** (-3.48)
IND	$\alpha_{18} - \alpha_{35}$	控制	控制	控制	控制	控制
YEAR	$\alpha_{36} - \alpha_{43}$	控制	控制	控制	控制	控制
N		10 160	10 160	10 160	10 160	10 160
Adi - R^2		0.513			0.514	0.514
LogLikelihood			-6 716.7225 ***			

注：模型（5-1）、模型（5-3）为 OLS 回归，模型（5-2）为 Logistic 回归，*** 、** 、*分别代表在 1%、5% 与 10% 的水平上显著。

资料来源：作者整理。

模型（5-2）中，在控制了公司治理、管理层特征及行业、年度效应的影响之后，不论是以 OC1 还是 OC2 作为被解释变量，投资者情绪（SENT）

的回归系数 α_1 均在 1% 的水平显著为正，充分表明投资者情绪对管理者自信程度确有正向促进作用，即存在"塑造"影响，研究假说 H5b 通过检验。

模型（5-3）中管理者过度自信（OC1）、（OC2）的回归系数 α_2 均显著为正，管理者过度自信对于公司创新投入具有驱动作用，研究假说 H5c 通过检验。并且，投资者情绪（SENT）的回归系数 α_1 均在 1% 水平显著，表明在投资者情绪影响公司创新投入的过程中，"管理者过度自信"确实起到部分中介的作用，是部分中介变量，研究假说 H5 通过检验。

此外，模型的拟合优度 R^2 均较高，表明所构建模型的解释力度较强。

5.2.2.2 区分创新投入方式的分组检验

本部分研究根据创新投入方式的异质风险特征，在模型（5-3）的基础上，将被解释变量细分为探索式创新投入（ERDr）与开发式创新投入（DRDr）分组进行检验。表 5-5 报告了模型（5-4）的检验结果。当被解释变量为探索式创新投入（ERDr）时的管理者自信程度变量（OC1）、（OC2）的回归系数 α_2 的大小与显著性水平均高于开发式创新投入（DRDr），其中，OC1 在被解释变量为开发式创新投入（DRDr）的检验模型中回归系数并不显著，这在一定程度上表明由投资者情绪"塑造"的具有过度自信心理的管理者会偏向于进行风险性更高的探索式创新投入，研究假说 6 通过检验。

表 5-5　　　　　　　　　创新投入方式的分组检验结果

变量	符号	ERDr		DRDr	
Constant	α_0	0.0319 *** (4.95)	0.0313 *** (4.88)	-0.0107 ** (-2.39)	-0.0110 ** (-2.51)
SENT	α_1	0.0016 *** (3.60)	0.0015 *** (3.15)	0.0017 *** (3.40)	0.0016 *** (3.23)

续表

变量	符号	ERDr		DRDr	
OC1	α_2	0.0008 * (1.76)		−0.0004 (−1.19)	
OC2			0.0018 *** (3.16)		0.0010 ** (2.20)
RD$_{-1}$	α_5	0.0015 *** (16.89)	0.0015 *** (16.87)	0.0003 *** (7.37)	0.0003 *** (7.28)
RD$_{-2}$	α_6	0.0008 *** (8.15)	0.0008 *** (8.17)	0.0005 *** (8.94)	0.0005 *** (8.94)
SR	α_7	0.0371 *** (17.87)	0.0369 *** (17.76)	0.0171 *** (11.17)	0.0170 *** (11.11)
CF	α_8	−0.0161 *** (−5.65)	−0.0164 *** (−5.74)	−0.0124 *** (−6.05)	−0.0126 *** (−6.11)
LEV	α_9	−0.0116 *** (−8.01)	−0.0117 *** (−8.08)	−0.0029 *** (−2.70)	−0.0029 *** (−2.75)
HTECH	α_{10}	0.0029 *** (4.96)	0.0027 *** (4.76)	0.0002 (0.57)	0.0002 (0.42)
STATE		−0.0016 *** (−3.26)	−0.0015 *** (−2.85)	0.0019 *** (4.74)	0.0020 *** (5.03)
SIZE	α_{11}	−0.0013 *** (−3.45)	−0.0013 *** (−3.58)	0.0005 * (1.82)	0.0005 * (1.76)
HHI5	α_{12}	0.0013 (0.63)	0.0020 (0.99)	−0.0080 *** (−5.90)	−0.0076 *** (−5.60)
LOCATION	α_{13}	−0.0027 *** (−8.15)	−0.0025 *** (−8.26)	0.0004 (1.63)	0.0005 * (1.90)
GDPR	α_{14}	−0.0012 *** (−3.53)	−0.0012 *** (−3.44)	−0.0003 (−1.19)	−0.0002 (−1.11)

变量	符号	ERDr		DRDr	
IND	$\alpha_{17} - \alpha_{34}$	控制	控制	控制	控制
YEAR	$\alpha_{35} - \alpha_{42}$	控制	控制	控制	控制
N		10 160	10 160	10 160	10 160
$Adi - R^2$		0.423	0.424	0.375	0.375

注: *** 、** 、* 分别代表在 1%、5% 与 10% 的水平上显著。
资料来源:作者整理。

5.2.3 稳健性分析

本部分的稳健性分析同第 4 章,采用改变投资者情绪(SENT)的度量方式,用吴世农和汪强(2009)的半年期动量指标来衡量。原有研究样本扩充得到 20 280 个观测值。将新构造的投资者情绪指标其代入上述模型(5-1)~(5-3)中,以 OC1 作为管理者过度自信的度量指标,回归结果显示部分控制变量的系数大小与显著性水平发生变化,但测试变量的系数符号及显著性基本无变化,表明本研究关于投资者情绪指标的选取与度量基本准确,研究结论是稳健的。见表 5-6。

表 5-6 改变投资者情绪度量方式的稳健性检验结果

变量	符号	模型(5-1)	模型(5-2)	模型(5-3)	模型(5-4)	
		RDr	OC1	RDr	ERDr	DRDr
Constant	α_0	0.0195 ***	4.9985 ***	0.0690 ***	0.0517 ***	0.0118
		(2.45)	(10.36)	(6.78)	(5.56)	(1.11)
SENT	α_1	0.0034 ***	0.0392 *	0.0030 **	0.0012 *	0.0012 **
		(3.07)	(1.72)	(2.03)	(1.74)	(2.47)
OC1	α_2			0.0016 ***	0.0016 **	0.0003
				(2.84)	(2.55)	(0.57)

续表

变量	符号	模型（5-1）	模型（5-2）	模型（5-3）	模型（5-4）	
		RDr	OC1	RDr	ERDr	DRDr
RD$_{-1}$	α_3	0.0019*** (34.07)		0.0019*** (33.82)	0.0015*** (30.29)	0.0003*** (8.18)
RD$_{-2}$	α_4	0.0001** (2.23)		0.0001** (2.26)	0.0001** (2.97)	0.0001*** (4.13)
SR	α_5	0.0643*** (23.41)		0.0639*** (23.13)	0.0452*** (14.72)	0.0274*** (10.22)
CF	α_6	-0.0493*** (-13.41)		-0.0492*** (-13.39)	-0.0363*** (-9.14)	-0.0211*** (-7.36)
LEV	α_7	-0.0262*** (-15.76)		-0.0265*** (-15.83)	-0.0208*** (-10.48)	-0.0084*** (-5.87)
HTECH	α_8	0.0027*** (4.14)		0.0027*** (4.17)	0.0012* (2.42)	0.0008* (1.85)
STATE	α_9	-0.0001** (-2.54)		-0.0001 (-0.22)	-0.0016*** (-3.00)	-0.0023*** (5.57)
SIZE	α_{10}	-0.0032*** (-12.33)	-0.3013*** (-15.94)	-0.0033*** (-12.40)	-0.0030*** (-10.84)	-0.0001 (-0.37)
HHI5	α_{11}	-0.0109*** (-4.63)	1.1727*** (6.82)	-0.0105*** (-4.46)	-0.0029 (-1.19)	-0.0130*** (-7.01)
AGE	α_{12}		0.0313*** (4.96)			
GENDER	α_{13}		-0.0190* (-1.75)			
GGCG	α_{14}		0.0060*** (4.19)			
DDSIZE	α_{15}		-0.1514*** (-12.17)			

续表

变量	符号	模型（5-1）	模型（5-2）	模型（5-3）	模型（5-4）	
		RDr	OC1	RDr	ERDr	DRDr
LOCATION	α_{16}	-0.0029 *** (-7.67)		-0.0030 *** (-7.71)	-0.0041 *** (-12.13)	-0.0008 ** (-2.20)
GDPR	α_{17}	-0.0004 (-0.65)		-0.0004 (-0.63)	-0.0008 (-1.49)	-0.0012 * (-1.79)
IND	$\alpha_{18}-\alpha_{35}$	控制	控制	控制	控制	控制
YEAR	$\alpha_{36}-\alpha_{43}$	控制	控制	控制	控制	控制
N		20 280	20 280	20 280	20 280	20 280
Adi-R^2		0.455		0.455	0.294	0.224
LogLikelihood			-8 391.2232 ***			

注：模型（5-1）、模型（5-3）、模型（5-4）为OLS回归，模型（5-2）为Logistic回归，***、**、*分别代表在1%、5%与10%的水平上显著。

资料来源：作者整理。

5.3 基于制度背景、机构持股的进一步检验

前面5.2节验证了"管理者过度自信"在投资者情绪影响公司创新投资的过程中存在中介作用。在此基础上，本节进一步引入制度因素与股权结构特征作为调节变量对这种影响进行深度分析，因此首先在5.3.1节中对有调节的中介效应检验程序进行阐释。

5.3.1 有调节的中介效应检验程序

在前述5.1.1节中我们介绍了中介变量与中介效应的检验程序。但在实际中，除了中介变量外，可能还涉及调节变量。所谓调节变量即在因变量与

自变量的影响关系中起到程度调节作用的变量。如在研究企业生命周期对于研发投入的影响过程中，崔也光和唐玮（2015）引入企业产权属性，考察实际控制人为国有的上市公司与实际控制人为民营的上市公司，其生命周期对于企业研发投入的影响是否存在异质性。研究中以企业研发投入强度作为因变量（Y），以企业生命周期作为自变量（X），研究发现企业生命周期与研发投入强度呈负相关关系，即随着生命周期从成长期、成熟期至衰退期的递进，企业研发投入强度逐渐降低。而引入企业的产权属性哑变量后，发现，民营企业属性增强了生命周期对于企业研发投入强度的影响作用。而国有企业属性则相反。因此，在此影响过程中，企业产权属性实为调节变量。

根据温忠麟等（2012，2014）有调节的中介模型检验程序，如果自变量 X 通过第三个变量 W 来影响因变量 Y，则 W 是 X 与 Y 影响关系中的中介变量。而如果 X 与 Y 之间相互关系的方向（正或负）、强弱受到第三个变量 U 的影响，则 U 是 X 与 Y 影响关系中的调节变量。调节变量既可以为定性变量（如：是否政府控制、是否过度自信、年龄、性别等），也可以为定量变量（如管理者自由度、环境不确定性、财务杠杆、现金持有量等）。图 5 - 3 为调节变量（T）在自变量（X）与因变量（Y）之间关系中的调节作用路径图与相应的方程式。

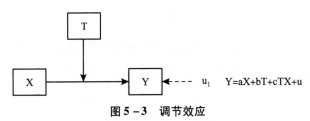

图 5 - 3　调节效应

资料来源：温忠麟，张雷，侯杰泰．有中介的调节变量和有调节的中介变量［J］．心理学报，2006，38（3）：448－452。

然而，现实中的许多问题更为复杂，除了因变量和自变量，可能同时包括有中介变量与调节变量。如（叶宝娟等，2013）中的青少年学生的"感

恩"通过增强"日常学业复原力"影响"学业成就"。而"日常学业复原
力"对于"学业成就"的影响随"压力性生活事件"的增强而减弱。在这个
模型中,"日常学业复原力"是"感恩"影响"学业成就"的中介变量,而
"压力性生活事件"在此中介过程中具有调节作用,为调节变量(模型框架
如图5-4所示)。

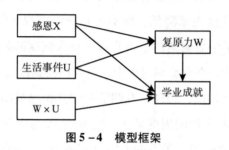

图5-4　模型框架

资料来源:温忠麟,张雷,侯杰泰.有中介的调节变量和有调节的中介变量[J].心理学报,
2006,38(3):448-452。

同时包含中介变量与调节变量的模型中,按照这些变量在模型中所出现
的位置不同,可分为以下三种类型:有中介的调节模型、有调节的中介模型
与混合模型,位置不同,所构造的模型的统计意义也会存在差异。按照本部
分的研究意图,这里主要探讨有中介的调节模型类型。根据温忠麟等
(2006)的研究,若在自变量 X 影响因变量 Y 的过程中,M 为中介变量,T
为调节变量,则 TX 为调节效应项,若 TX 通过影响 M 而影响 Y,说明调节效
应至少或者完全通过 M 起作用,这种调节变量称之为有中介的调节变量
(mediated moderator)(如图5-5所示)。有调节的中介效应模型可以用来揭
示中介作用过程中是否受到调节变量的调节,有助于深入考察自变量对于因
变量的作用机制,以及解释这种作用机制具体是"怎样"的,"何时"作用
程度最强及最弱的问题。

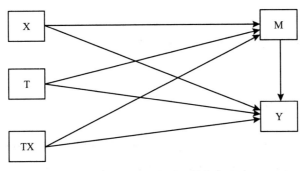

图 5 - 5　有中介的调节效应

资料来源：温忠麟，张雷，侯杰泰. 有中介的调节变量和有调节的中介变量 ［J］. 心理学报，2006，38（3）：448 - 452。

一般的，调节效应模型可以表述为 $Y = aX + bT + cTX + u$，进一步改写为 $Y = bT + (a + cT) X + u$，对于固定的 T 来说，上述方程可看作是 Y 对于 X 的直线回归，Y 与 X 的关系由系数 "$a + cT$" 来捕捉，c 衡量了调节效应的大小。若方程中的 TX 显著，则说明调节效应显著。在提出了检验中介效应的三步递归程序（温忠麟等，2004）的基础上，温忠麟等（2006）进一步提出了有中介的调节效应的检验程序，即需要依次检验如下三个条件，若均通过检验则证明有调节的中介效应存在：

第一步，做 Y 对于 X、T、TX 的回归检验。TX 的回归系数需显著，说明 T 存在调节效应。反之，则说明 T 不存在调节效应，停止下步检验。

第二步，做 M 对于 X、T、TX 的回归。TX 的回归系数需显著，说明在 M 与 X 之间的关系中，T 起到了调节效应。反之，则说明 T 不存在调节效应，停止下步检验。

第三步，做 Y 对于 X、T、TX、M 的回归检验，M 的系数需显著，说明 T 对 X 与 Y 的调节效应至少部分通过 M 这个中介起作用。同时，若 TX 的系数显著，则说明 M 为部分中介。若此时 TX 的系数不显著，则说明 M 为完全中介。

由上述检验程序可以看出，若要检验有调节的中介效应的存在性，必须先检验调节效应的存在性，在此基础上再检验中介效应的存在性。

5.3.2　基于政府控制背景的检验

5.3.2.1　研究模型设计

借鉴花贵如等（2014）的研究模型，按照温忠麟等（2006）的有中介的调节效应的检验程序，在前述模型的基础上引入政府控制属性（STATE）与投资者情绪（SENT）的交乘项 STATE×SENT，构建如下递归模型（5-5）～（5-7），检验控制权特征在投资者情绪通过"塑造"管理者过度自信进而影响企业创新投资的过程中是否存在调节作用，以检验研究假说7。

$$\text{RDr} = \alpha_0 + \alpha_1 \times \text{SENT} + \alpha_2 \times \text{STATE} + \alpha_3 \times \text{STATE} \times \text{SENT}$$
$$+ \sum \text{CONTROL} + \sum \text{YEAR} + \sum \text{IND} + \varepsilon_1 \qquad (5-5)$$

$$\text{OC} = \alpha_0 + \alpha_1 \times \text{SENT} + \alpha_2 \times \text{STATE} + \alpha_3 \times \text{STATE} \times \text{SENT}$$
$$+ \sum \text{CONTROL} + \sum \text{YEAR} + \sum \text{IND} + \varepsilon_2 \qquad (5-6)$$

$$\text{RDr} = \alpha_0 + \alpha_1 \times \text{SENT} + \alpha_2 \times \text{STATE} + \alpha_3 \times \text{STATE} \times \text{SENT} + \alpha_4$$
$$\times \text{OC} + \sum \text{CONTROL} + \sum \text{YEAR} + \sum \text{IND} + \varepsilon_3 \qquad (5-7)$$

其中，α_0 为截距，α_i 为系数，ε_i 为残差，控制变量同前述模型（5-1）～（5-3）一致，具体定义参见变量定义与说明表5-1。

根据5.3.1节中关于有中介的调节效应的检验程序，第一步对模型（5-5）进行回归，若调节效应项 STATE×SENT 的回归系数 α_3 显著，说明政府控制属性（STATE）在投资者情绪（SENT）与创新投资（RDr）之间的关系中具有调节作用，则依次进行第二步对于模型（5-6）的回归检验。

第二步在模型（5-6）的回归结果中，若 STATE×SENT 的回归系数 α_3 仍显著，说明投资者情绪（SENT）与管理者过度自信（OC）的关系中，政府控制属性（STATE）起到了调节作用，此时依次进入第三步对于模型（5-7）的回归检验。

在第三步中，管理者过度自信（OC）的回归系数 α_4 需显著，说明政府控制属性（STATE）的调节效应在投资者情绪（SENT）影响创新投资（RDr）的过程中至少部分地通过管理者过度自信（OC）这个中介变量产生作用。若此时 STATE × SENT 的回归系数 α_3 也显著，则说明管理者过度自信（OC）为部分中介。若 α_3 不显著，则说明管理者过度自信（OC）为完全中介。

5.3.2.2 变量的定义与说明

1. 政府控制变量（STATE）。

承袭花贵如等（2014）、谢德仁和陈运森（2009）等研究的做法，按照公司期初实际控制人性质赋值。若期初实际控制人为中央国有或地方国有的公司观测值，政府控制（STATE）变量赋值为 1；反之，则赋值为 0。

2. 其他变量。

其他变量包括测试变量中的创新投资（RDr）、投资者情绪（SENT）、管理者过度自信（OC1/OC2），以及模型中的控制变量的定义与计算方法，均与上一章的研究设计相同，这里不再赘述。

5.3.2.3 样本来源与筛选

本部分的研究样本与 5.2 节的研究样本相同。研究区间为 2007～2014年，共 2 277 家公司，10 160 个年度观测值，其中，实际控制人数据来自台湾经济新报 TEJ 数据库。按照实际控制人类型划分，实际控制人类型为政府控制（中央及地方国有）的企业样本数为 940 家公司，4 409 个年度观测值；非政府控制的企业样本数为 1 337 家公司，5 751 个年度观测值。除此之外，样本中所有连续型变量均在上下各 0.5% 分位数进行了 Winsorized 处理。

5.3.2.4 描述性统计与分析

表 5-7 区分实际控制人属性，分别报告了实际控制人为政府控制的公司

组与非政府控制的公司组经过标准化后的模型测试变量的描述性统计结果。

表5-7 主要变量的描述性统计

变量	是否政府控制	均值	中位数	标准差	最小值	最大值
RDr	是	0.0114	0.0000	0.0261	0.0000	0.2369
	否	0.0366	0.0300	0.0449	0.0000	0.2369
SENT	是	-0.1621	-0.3019	1.1621	-2.3073	2.7895
	否	-0.2476	0.2008	0.8897	-2.3073	2.7895
OC1	是	0.4073	0.0000	0.4914	0.0000	1.0000
	否	0.4707	0.0000	0.4992	0.0000	1.0000
OC2	是	0.2025	0.0000	0.4019	0.0000	1.0000
	否	0.3495	0.0000	0.4769	0.0000	1.0000
RD_{-1}	是	3.7306	0.0000	5.0094	0.0000	13.4826
	否	7.0244	9.3881	4.5917	0.0000	13.4826
SR	是	0.2458	0.2065	0.1631	-0.0044	0.8123
	否	0.3123	0.2813	0.1745	-0.0044	0.8123
CF	是	0.0506	0.0489	0.0759	-0.1960	0.2480
	否	0.0357	0.0369	0.0773	-0.1960	0.2480
LEV	是	0.5095	0.5260	0.1931	0.0381	0.8795
	否	0.3471	0.3224	0.2092	0.0381	0.8795
HHI5	是	0.1904	0.1668	0.1264	0.0135	0.5545
	否	0.1618	0.1374	0.1080	0.0135	0.5545
SIZE	是	15.2422	15.0421	1.2830	12.6185	18.6709
	否	14.3053	14.1618	0.9247	12.6185	18.4888
AGE	是	48.5396	49.0000	2.8545	40.0000	55.0000
	否	46.0852	46.0000	3.2155	40.0000	55.0000
GENDER	是	0.8633	0.8800	0.0956	0.5455	1.0000
	否	0.8199	0.8333	0.1079	0.5455	1.0000

续表

变量	是否政府控制	均值	中位数	标准差	最小值	最大值
GGCG	是	0.3958	0.0000	2.5175	0.0000	62.4745
	否	11.1470	1.0781	17.0179	0.0000	62.4745
DDSIZE	是	1.5565	1.3863	0.2426	1.0986	2.3026
	否	1.5091	1.3863	0.2456	1.0986	2.3026

资料来源：作者整理。

可以直观地看出，无论是均值还是中位数，非政府控制的公司组的创新投入变量（RDr）均高于政府控制的公司组。表明相对于政府控制的上市公司而言，非政府控制的上市公司的创新投入水平较高，均值是政府控制的公司组均值的 3 倍。但根据国际标准，研发强度达到 2% 仅能维持生存，达到 5% 才具竞争力。这表明我国 A 股上市公司整体的创新投入强度偏低，特别是国有企业，严重缺乏国际竞争力，企业自主创新能力的提升之路任重而道远。不管是政府控制还是非政府控制的公司组，投资者情绪变量（SENT）的均值和中位数均为负，表明样本期间市场主体情绪较低落。政府控制的公司组的投资者情绪变量（SENT）均值略高于非政府控制的公司组，表明非政府控制的公司更易被投资者误定价。不管是政府控制或是非政府控制的上市公司，管理者过度自信变量（OC1）、（OC2）的均值均小于 0.5，表明样本期间的中国资本市场的管理者情绪较为悲观，这也与投资者情绪的整体趋势相吻合，间接表明投资者情绪对于管理者情绪的同向影响。其中，政府控制的公司组的管理者过度自信程度的均值和标准差均低于非政府控制的公司，表明政府控制的上市公司的管理者整体相对保守，情绪差异性小，这或与政府的政策管制有关，符合政府控制的背景特征。

其他变量的分布特征均在合理范围内，符合我国的制度背景及上市公司特征，具有统计学意义，不是本书研究关注的重点，这里不再赘述。

表 5-8 区分控制权属性分组报告了政府控制与非政府控制样本的主要变

表5-8

主要变量的Pearson相关系数

变量	是否政府控制	RDr	SENT	OC1	OC2	RD_{-1}	SR	CF	LEV	SIZE	HHI5
RDr	是	1									
	否	1									
SENT	是	0.0080*	1								
	否	0.1010***	1								
OC1	是	0.0339**	0.1288***	1							
	否	0.0510***	0.1708***	1							
OC2	是	0.0530***	0.1360***	0.0200***	1						
	否	0.1260***	0.1440**	0.0830***	1						
RD_{-1}	是	0.5242***	-0.2376***	-0.0344***	0.0390***	1					
	否	0.5042***	-0.1182***	-0.0830***	0.1150***	1					
SR	是	0.1250***	0.0733***	0.0300***	0.0630**	-0.0556***	1				
	否	0.4322***	0.1732***	0.0220*	0.0440***	0.1166***	1				
CF	是	-0.0371***	0.0778***	-0.0178	0.0130	-0.0788***	0.2552***	1			
	否	-0.0121	0.0778***	0.0438***	0.0438***	-0.0138	0.1752***	1			
LEV	是	-0.2304***	-0.3264***	-0.1257***	-0.0600***	-0.0693***	-0.3370***	-0.1632***	1		
	否	-0.4362***	-0.3610***	-0.0240*	-0.0070	-0.3743***	-0.4230*	-0.0802***	1		
SIZE	是	-0.0938***	-0.6365***	-0.1741***	-0.0580***	0.1085***	-0.0648***	0.0386***	0.3550***	1	
	否	-0.2418***	-0.6305***	-0.1021***	0.0200	-0.0668***	-0.1856***	0.0370***	0.5010***	1	
HHI5	是	-0.0353*	-0.1762***	-0.0062	-0.1420***	0.0343	0.0170	0.0942***	-0.0216	0.3065***	1
	否	-0.0410***	-0.0982***	0.0588***	-0.1200***	0.0580***	0.0350***	-0.0080	-0.0342***	0.1200***	1

注：***、**、* 分别代表在1%、5%与10%的水平显著。

资料来源：作者整理。

量的 Pearson 相关系数。可以直观地看出，模型中的被解释变量与各控制变量的相关系数均小于 6%，表明不存在严重的共线性问题，可用以回归分析。

政府控制与非政府控制的公司组的投资者情绪（SENT）与创新投入（RDr）的相关系数均正向显著，但相对来说，非政府控制的公司组的相关系数的大小及显著性水平更高，这或许意味着投资者情绪（SENT）对公司创新投入（RDr）确有促进作用，但非政府控制的公司组的投资者情绪对于企业创新投入的影响更大，初步证实了研究假说 7。投资者情绪（SENT）与管理者过度自信（OC1）、（OC2）的相关系数均正向显著，这在一定程度上表明投资者情绪对于管理者过度自信确具有"塑造"作用，高涨的投资者情绪可以通过"塑造"激发管理者过度自信的同质心理。其中，非政府控制的公司组的相关系数大小要高于政府控制的公司组，这或许意味着投资者情绪对于管理者自信的"塑造"作用对于非政府控制的上市公司的影响要大于政府控制的公司组。且不管是政府控制还是非政府控制的样本中，管理者过度自信（OC1）、（OC2）的相关系数均在 1% 水平显著为正，进一步表明二变量设置的合理性。从管理者过度自信变量与企业创新投入变量的相关系数来说，OC1、OC2 均与 RDr 呈正向显著，但非政府控制的公司组的相关系数的大小及显著性水平要高于政府控制的公司组，这在一定程度上意味着，管理者过度自信对企业的创新投入确具有"驱动"作用，但相对来说，这种驱动作用对非政府控制的上市公司的影响更大。

综合上述描述性统计分析可知，投资者情绪对上市公司的管理者自信心理有"塑造"作用，能够"驱动"公司的创新投入水平，但是区分控制权属性来看，这种影响存在差异。相对于政府控制的上市公司来说，投资者情绪对于管理者过度自信的"塑造"及对于后续创新投入的"驱动"，对非政府控制的上市公司的影响更大，同时这也表明本部分引入政府控制的制度背景进行更深入的研究是十分必要的。因上述描述性统计分析并未纳入变量之间的相互关系检验，更为可靠的结论还需后续进一步的实证分析。

5.3.2.5 回归检验结果与分析

表5-9报告了引入政府控制属性这一调节变量后的检验结果。根据前述5.3.1节介绍的温忠麟等（2006）的有中介的调节效应的检验程序，对模型（5-5）~（5-7）进行逐步回归。

表5-9　　　　　　模型（5-5）~（5-7）的实证检验结果

变量	符号	模型（5-5）	模型（5-6）		模型（5-7）	
		RDr	OC1	OC2	RDr	
Constant	α_0	0.0193 ** (2.42)	2.6757 *** (3.97)	-5.0778 *** (-6.81)	0.0214 *** (2.68)	0.0200 ** (2.52)
SENT	α_1	0.0041 *** (4.47)	0.1155 * (1.91)	0.2897 *** (4.44)	0.0042 *** (4.50)	0.0040 *** (4.29)
STATE	α_2	0.0001 (0.23)	-0.0876 * (-1.71)	-0.6207 *** (-10.64)	0.0001 (0.23)	0.0005 (0.72)
STATE × SENT	α_3	-0.0014 *** (-3.02)	-0.0504 * (-1.76)	-0.2699 *** (-6.31)	-0.0014 *** (-2.99)	-0.0015 *** (-3.34)
OC1	α_4				0.0015 *** (2.58)	
OC2						0.0029 *** (4.13)
RD$_{-1}$	α_5	0.0019 *** (18.82)			0.0019 *** (18.80)	0.0019 *** (18.76)
RD$_{-2}$	α_6	0.0013 *** (11.58)			0.0013 *** (11.54)	0.0013 *** (11.57)
SR	α_7	0.0574 *** (22.68)			0.0573 *** (22.67)	0.0569 *** (22.52)
CF	α_8	-0.0309 *** (-9.08)			-0.0306 *** (-9.01)	-0.0311 *** (-9.13)

续表

变量	符号	模型（5-5） RDr	模型（5-6） OC1	OC2	模型（5-7） RDr	
LEV	α_9	-0.0155 *** （-8.60）			-0.0155 *** （-8.63）	-0.0157 *** （-8.70）
HTECH	α_{10}	0.0022 ** （3.19）			0.0022 *** （3.17）	0.0021 ** （2.94）
SIZE	α_{11}	-0.0007 （-1.49）	-0.2119 *** （-5.70）	0.3154 *** （7.69）	-0.0008 * （-1.69）	-0.0008 * （-1.83）
HHI5	α_{12}	-0.0085 *** （-3.65）	1.1362 *** （6.12）	2.7880 *** （12.35）	-0.0081 *** （-3.47）	-0.0071 *** （-3.03）
AGE	α_{13}		0.0308 *** （4.22）	-0.0039 （-0.48）		
GENDER	α_{14}		-0.9862 *** （-4.72）	-0.0912 *** （-0.39）		
GGCG	α_{15}		0.0004 （0.25）	0.0121 *** （7.10）		
DDSIZE	α_{16}		-0.8285 *** （-9.13）	0.1993 ** （2.05）		
LOCATION	α_{17}	-0.0021 *** （-5.23）			-0.0022 *** （-5.50）	-0.0020 *** （-4.98）
GDPR	α_{18}	-0.0015 *** （-3.50）			-0.0015 *** （-3.54）	-0.0014 *** （-3.41）
IND	$\alpha_{19} - \alpha_{36}$	控制	控制	控制	控制	控制
YEAR		控制	控制	控制	控制	控制
N	$\alpha_{37} - \alpha_{44}$	10 160	10 160	10 160	10 160	10 160
Adi – R^2		0.514			0.514	0.515
LogLikelihood			-6 690.0838 ***	-5 676.7769 ***		

注：模型（5-5）、模型（5-7）为 OLS 回归，模型（5-6）为 Logistic 回归，*** 、 ** 、 * 分别代表在 1% 、5% 与 10% 的水平上显著。

资料来源：作者整理。

模型（5-5）检验了政府控制属性在投资者情绪影响公司创新投入过程中调节效应的存在性。投资者情绪（SENT）的回归系数 α_1 在1%水平显著为正，政府控制（STATE）与投资者情绪的交乘项 STATE × SENT 的回归系数 α_3 在1%水平显著为负，根据交乘项的构造原理，当实际控制人为非政府时，即 STATE = 0，投资者情绪（SENT）对于公司创新投入（RDr）的影响效应由回归系数 α_1 捕捉，此时 α_1 在1%水平显著为正，表明投资者情绪对于非政府控制的上市公司的创新投入确有促进作用；而在实际控制人为政府时，即 STATE = 1，投资者情绪（SENT）对于公司创新投入的影响效应由回归系数 $\alpha_1 + \alpha_3$ 来捕捉，此时 α_3 在1%水平显著为负，$\alpha_1 + \alpha_3$ 显著为正，但小于 α_1，表明对于政府控制的上市公司，投资者情绪对于其创新投入的正向影响要弱于非政府控制的上市公司。

模型（5-6）检验了政府控制属性在投资者情绪"塑造"管理者过度自信过程中的调节效应。不论是用 OC1 还是 OC2 作为被解释变量进行 Logistic 回归，交乘项 STATE × SENT 的回归系数 α_3 均显著为负，表明政府控制（STATE）在投资者情绪"塑造"管理者过度自信过程中具有负向调节效应。投资者情绪（SENT）的回归系数 α_1 均呈正向显著，且 $\alpha_1 + \alpha_3$ 显著为正，但小于 α_1，表明政府控制的制度背景在投资者情绪"塑造"管理者过度自信过程中具有重要影响，但这种重要影响在非政府控制的上市公司中更强。

模型（5-7）进一步检验了政府控制属性在投资者情绪通过"塑造"管理者过度自信进而影响公司创新投入过程中调节效应的存在性。投资者情绪（SENT）的回归系数 α_1 在1%水平显著为正，政府控制（STATE）与投资者情绪的交乘项 STATE × SENT 的回归系数 α_3 在1%水平显著为负，且 $\alpha_1 + \alpha_3$ 显著为正，但小于 α_1，并且 OC1、OC2 的回归系数 α_4 均在1%水平显著为正，验证了政府控制属性在投资者情绪影响公司创新投入过程中确有调节效应，相对于政府控制的上市公司，这种调节效应在非政府控制的上市公司更强，"管理者过度自信"在其中起到了不完全中介的作用，研究假说7通过检验。

5.3.2.6 稳健性检验

本部分仿效上一章改变投资者情绪（SENT）的度量方式，采用吴世农和汪强（2009）的半年期动量指标来衡量。原有研究样本扩充得到 20 280 个观测值。将新构造的投资者情绪指标其代入原模型（5-5）~（5-7）中，以 OC1 为管理者自信度量指标，回归结果显示部分控制变量的系数大小与显著性水平发生变化，但测试变量的系数符号及显著性基本无变化，表明本部分的研究结论较稳健。见表 5-10。

表 5-10　　　　　　　改变投资者情绪度量方式的稳健性检验结果

变量	符号	模型（5-5）	模型（5-6）	模型（5-7）
		RDr	OC1	RDr
Constant	α_0	0.0658 *** (6.52)	4.7487 *** (9.73)	0.0684 *** (6.73)
SENT	α_1	0.0011 ** (2.12)	0.0237 ** (2.31)	0.0011 ** (2.10)
STATE	α_2	0.0002 ** (2.30)	0.0167 ** (2.46)	0.0001 ** (2.27)
STATE × SENT	α_3	-0.0014 ** (-2.39)	-0.0197 ** (-2.28)	-0.0014 ** (-2.39)
OC1	α_4			0.0016 *** (2.83)
RD_{-1}	α_5	0.0019 *** (34.00)		0.0019 *** (33.84)
RD_{-2}	α_6	0.0001 *** (2.20)		0.0001 *** (2.23)
SR	α_7	0.0646 *** (23.41)		0.0643 *** (23.33)

续表

变量	符号	模型（5-5）RDr	模型（5-6）OC1	模型（5-7）RDr
CF	α_8	-0.0550*** (-13.83)		-0.0548*** (-13.79)
LEV	α_9	-0.0261*** (-15.66)		-0.0265*** (-15.84)
HTECH	α_{10}	0.0026*** (4.01)	0.0461** (2.09)	0.0026*** (4.05)
SIZE	α_{11}	-0.0032*** (-12.14)	-0.2933*** (-15.33)	-0.0032*** (-12.28)
HHI5	α_{12}	-0.0108*** (-4.60)	1.1711*** (6.81)	-0.0105*** (-4.44)
AGE	α_{13}		0.0388*** (5.21)	
GENDER	α_{14}		-0.0204* (-1.87)	
GGCG	α_{15}		0.0078*** (5.06)	
DDSIZE	α_{16}		-0.1519*** (-12.20)	
LOCATION	α_{17}	-0.0029*** (-7.55)		-0.0030*** (-7.75)
GDPR	α_{18}	-0.0004 (-0.66)		-0.0004 (-0.64)
IND	$\alpha_{19}-\alpha_{36}$	控制	控制	控制
YEAR	$\alpha_{37}-\alpha_{44}$	控制	控制	控制
N		20 280	20 280	20 280
Adi-R^2		0.456		0.456
LogLikelihood			-8 385.5302***	

注：模型（5-5）、模型（5-7）为 OLS 回归，模型（5-6）为 Logistic 回归，***、**、*分别代表在1%、5%与10%的水平上显著。

资料来源：作者整理。

5.3.3 基于机构持股的检验

5.3.3.1 研究模型

仿效 5.3.1 节关于有中介的调节效应的检验方法，按照温忠麟等（2006）的有中介的调节效应的检验程序，在前述模型（5-2）~（5-4）基础上，引入机构持股（INSH）与投资者情绪（SENT）的交乘项 INSH × SENT，构建如下递归模型（5-8）~（5-10），检验机构持股的股权特征在投资者情绪通过"塑造"管理者过度自信进而影响企业创新投资的过程中调节作用的存在性，以检验研究假说8。

$$RDr = \alpha_0 + \alpha_1 \times SENT + \alpha_2 \times INSH + \alpha_3 \times INSH \times SENT$$
$$+ \sum CONTROL + \sum YEAR + \sum IND + \varepsilon_1 \qquad (5-8)$$

$$OC = \alpha_0 + \alpha_1 \times SENT + \alpha_2 \times INSH + \alpha_3 \times INSH \times SENT$$
$$+ \sum CONTROL + \sum YEAR + \sum IND + \varepsilon_2 \qquad (5-9)$$

$$RDr = \alpha_0 + \alpha_1 \times SENT + \alpha_2 \times INSH + \alpha_3 \times INSH \times SENT$$
$$+ \alpha_4 \times OC + \sum CONTROL + \sum YEAR + \sum IND + \varepsilon_3$$
$$(5-10)$$

其中，α_0 为截距，α_i 为系数，ε_i 为残差，控制变量同前述模型一致，具体定义参见表 5-11。

依循上一节中关于有中介的调节效应的检验程序：第一步对模型（5-8）进行回归，若调节效应项 INSH × SENT 的回归系数 α_3 显著，说明机构持股（INSH）在投资者情绪（SENT）与创新投入（RDr）之间的关系中具有调节作用，则依次进行第二步对于模型（5-9）的回归检验；

表 5 – 11   变量定义

变量类型	变量名称	变量代码	变量定义及取值方法
测试变量	创新投入	RDr	研发支出/主营业务收入
	管理者过度自信	OC1	高管相对薪酬指标，高于中位数取值为1，否则为0
		OC2	高管持股变化指标，排除分红、增发配股、股权激励等原因后若增持本公司股票，取值为1，否则为0
	投资者情绪	SENT	个股的投资者情绪综合指数
	机构投资者持股比例	INSH	机构投资者持股数量/总股数，高于中位数的赋值为1，否则赋值为0
控制变量	现金流量	CF	经营活动净现金流量/期初总资产
	研发支出	RD	研发支出的自然对数
	资产负债率	LEV	期初总负债/期初总资产
	上市年限	GSNL	抽样时公司已上市年限
	企业规模	SIZE	企业总资产的自然对数
	股权集中度	HHI5	公司前五位大股东持股比例平方之和
	独立董事规模	DDSIZE	公司独立董事人数
	高管持股比例	GGCG	高管持股数量/期末总股本
	高管平均年龄	AGE	公司高管年龄平均数
	高管性别比例	GENDER	公司高管男女比例
	行业	IND	参照证监会2012年行业分类指南，制造业按照二级代码分类，其他行业按照一级代码分类，共计17个行业虚拟变量
	年度	YEAR	选取2007~2014年，共7个年度虚拟变量

资料来源：作者整理。

第二步，在模型（5 – 9）的回归结果中，若 INSH × SENT 的回归系数 α_3 仍显著，说明投资者情绪（SENT）与管理者过度自信（OC）的关系中，机构持股（INSH）起到了调节作用，此时依次进入第三步对于模型（5 – 10）的回归检验；

在第三步中，管理者过度自信（OC）的回归系数 α_4 需显著，说明机构持股（INSH）的调节效应在投资者情绪（SENT）影响创新投入（RDr）的过程中至少部分地通过管理者过度自信（OC）这个中介变量产生作用。若此时 INSH×SENT 的回归系数 α_3 也显著，则说明管理者过度自信（OC）为部分中介。若 α_3 不显著，则说明管理者过度自信（OC）为完全中介。

5.3.3.2 变量的定义与说明

变量的选取借鉴了范海峰和胡玉明（2012）、花贵如等（2015）的研究，测试变量中的创新投入（RDr）、管理者过度自信（OC1/OC2）、投资者情绪（SENT）具体的定义与说明与前述章节一致，机构投资者持股比例（INSH）为 0、1 虚拟变量，首先做法是用期初机构投资者持股数量/总股数计算出样本公司的机构投资者持股占比的年度观测值，然后取中位数，高于中位数的赋值为 1，否则赋值为 0。其他变量定义与取值方法如表 5 – 11 所示。

5.3.3.3 样本来源与筛选

本研究初始样本与筛选处理标准与上一章相同，样本研究区间为 2007 ~ 2014 年，共 2 276 家公司，10 159 个年度观测值。引入的机构持股数据取自锐思 RESSET 金融数据库，其他的基础数据，公司财务数据取自国泰安 CS-MAR 数据库，股票金融数据取自锐思 RESSET 金融数据库，公司治理特征数据取自色诺芬 CCER 经济金融数据库。其中，研发支出数据经国泰安 CSMAR 数据库上市公司年报手工整理获得。除此之外，样本中所有连续型变量均在上下各 0.5% 分位数进行了 Winsorized 处理，数据的处理与分析使用了 Excel 2010、Stata 13.0 软件。

5.3.3.4 描述性统计与分析

表 5 – 12 按照机构投资者持股比例的高低分组报告了模型测试变量的 Pearson 相关系数。可以直观地看出，各测试变量之间不存在严重的共线性问

题，可用以后续回归分析。相对于机构投资者持股比例较低的公司组，持股比例较高的公司组的投资者情绪（SENT）与创新投入（RDr），管理者过度自信（OC1）、（OC2）与创新投入（RDr），管理者过度自信（OC1）与投资者情绪（SENT）的相关系数数值均更大，显著性水平均更高，这或许意味着机构投资者持股比例对于上述三者之间的关系具有调节效应，但由于未考虑所有变量之间的相关性，更为严谨的结论还需后续进一步的实证检验。

表 5-12　　　　　　　　　　主要测试变量的 Pearson 相关系数

变量	机构持股比例高/低	RDr	SENT	OC1	OC2
RDr	高	1			
	低	1			
SENT	高	0.0080 *	1		
	低	0.1010 ***	1		
OC1	高	0.0339 **	0.1288 ***	1	
	低	0.0510 ***	0.1708 ***	1	
OC2	高	0.0530 ***	0.1360 ***	0.0200 ***	1
	低	0.1260 ***	0.1440 **	0.0830 ***	1

注：***、**、* 分别代表在 1%、5% 与 10% 的水平显著。限于篇幅，仅列示了主要关注的测试变量。

资料来源：作者整理。

表 5-13 为主要测试变量的描述性统计分析。可以直观地看出，机构持股比例较高的公司组的创新投入（RDr）的均值、中位数均高于机构持股比例较低的公司组，这在一定程度上表明机构重仓的股权结构对于企业的创新投入有促进作用。机构持股比例较高的公司组的投资者情绪（SENT）的均值及标准差均低于机构持股比例较低的公司组，表明相对于机构重仓的公司组，机构轻仓的公司组的投资者情绪波动较大，股票误定价程度更高。其原因或许是公司股权结构中，随着机构投资者这一"专家"群体占比的提高，有助

于缓解公司内外部的信息不对称，降低了公司股票估价的偏误。因上述描述性统计分析并未纳入变量之间的相互关系检验，更为可靠的结论还需后续进一步的实证分析。

表 5 - 13 主要测试变量的描述性统计

变量	机构持股比例 高/低	均值	中位数	标准差	最小值	最大值
RDr	高	0.0287	0.0111	0.0434	0.0000	0.2369
	低	0.0218	0.0049	0.0347	0.0000	0.2369
SENT	高	-0.1083	0.0759	1.0177	-2.3073	2.7895
	低	-0.0227	-0.0232	1.0581	-2.3073	2.7895
OC1	高	0.4357	0.0000	0.4959	0.0000	1.0000
	低	0.4524	0.0000	0.4978	0.0000	1.0000
OC2	高	0.3122	0.0000	0.4634	0.0000	1.0000
	低	0.2531	0.0000	0.4349	0.0000	1.0000

资料来源：作者整理。限于篇幅，仅列示了主要关注的测试变量。

5.3.3.5 回归检验结果与分析

表 5 - 14 报告了引入公司机构投资者持股比例这一调节变量后的进一步检验结果。根据前述 5.3.1 节介绍的温忠麟等（2006）的有中介的调节效应的检验程序，对模型（5 - 8）~（5 - 10）进行逐步回归。

表 5 - 14 模型（5 - 8）~（5 - 10）的实证检验结果

变量	符号	模型（5 - 8）	模型（5 - 9）		模型（5 - 10）	
		RDr	OC1	OC2	RDr	
Constant	α_0	0.0087 (1.09)	2.8416 *** (4.25)	-3.8184 *** (-5.22)	0.0096 (1.20)	0.0097 (1.22)

续表

变量	符号	模型 (5-8) RDr	模型 (5-9) OC1	OC2	模型 (5-10) RDr	
SENT	α_1	0.0034 *** (3.95)	0.1583 *** (2.60)	0.4913 *** (7.38)	0.0034 *** (3.97)	0.0031 *** (3.63)
INSH	α_2	0.0030 *** (5.46)	0.0789 * (1.88)	0.2088 *** (4.44)	0.0030 *** (5.44)	0.0029 *** (5.33)
INSH × SENT	α_3	0.0007 * (1.67)	0.0045 * (1.71)	0.0810 * (1.81)	0.0007 * (1.66)	0.0008 * (1.74)
OC1	α_4				0.0008 * (1.70)	
OC2						0.0027 *** (3.76)
RD_{-1}	α_5	0.0019 *** (17.76)			0.0019 *** (17.76)	0.0019 *** (17.70)
RD_{-2}	α_6	0.0011 *** (9.07)			0.0011 *** (9.08)	0.0011 *** (9.11)
LEV	α_7	−0.0263 *** (−14.22)			−0.0264 *** (−14.26)	−0.0265 *** (−14.31)
CF	α_8	−0.0035 (−1.02)			−0.0034 *** (−0.99)	−0.0039 (−1.13)
GSNL	α_9	−0.0007 *** (−11.72)			−0.0007 *** (−11.34)	−0.0006 *** (−11.27)
SIZE	α_{10}	0.0002 (0.45)	−0.2125 *** (−5.71)	0.2683 *** (6.49)	0.0001 (0.33)	0.0001 (0.13)
HHI5	α_{11}	−0.0141 *** (−5.91)	1.1051 *** (5.95)	2.8276 *** (12.51)	−0.0137 *** (−5.71)	−0.0125 *** (−5.24)
GGCG	α_{12}	0.0002 *** (6.15)	0.0009 (0.58)	0.0148 *** (8.86)	0.0002 *** (6.18)	0.0002 *** (5.95)

续表

变量	符号	模型（5-8）	模型（5-9）		模型（5-10）	
		RDr	OC1	OC2	RDr	
GENDER	α_{13}		-1.0284 *** （-4.94）	-0.2606 （-1.13）		
AGE	α_{14}		0.0275 *** （3.87）	0.0213 *** （2.69）		
DDSIZE	α_{15}		-0.8226 *** （-9.06）	0.1943 ** （2.01）		
IND	$\alpha_{16}-\alpha_{33}$	控制	控制	控制	控制	控制
YEAR	$\alpha_{34}-\alpha_{41}$	控制	控制	控制	控制	控制
N		10 159	10 159	10 159	10 159	10 159
Adi - R^2		0.485			0.485	0.486
LogLikelihood			-6 688.8461 ***	-5 738.0625 ***		

注：模型（5-8）、模型（5-10）为 OLS 回归，模型（5-9）为 Logistic 回归，*** 、** 、*
分别代表在1%、5%与10%的水平上显著。

资料来源：作者整理。

模型（5-8）检验了机构投资者持股比例在投资者情绪影响公司创新投入过程中的调节效应。由检验结果可知，投资者情绪（SENT）的回归系数 α_1 在1%水平显著为正，机构投资者持股比例（INSH）与投资者情绪的交乘项 INSH × SENT 的回归系数 α_3 在10%水平显著为正，根据交乘项的构造原理，当机构投资者持股水平较低时，即 INSH = 0，投资者情绪（SENT）对于公司创新投入（RDr）的影响效应由回归系数 α_1 捕捉，此时 α_1 在1%水平显著为正，表明投资者情绪对于机构投资者持股水平较低的上市公司的创新投入确有促进作用；而当机构投资者持股水平较高时，即 INSH = 1，投资者情绪（SENT）对于公司创新投入的影响效应由回归系数 $\alpha_1 + \alpha_3$ 来捕捉，此时 α_3 在10%水平显著为正，则 $\alpha_1 + \alpha_3$ 显著大于 α_1，表明对于机构投资者持股水平较高的上市公司，投资者情绪对于其创新投入确有促进作用，且影响效应大于持股水平较低的上市公司，表明机构投资者持股对于投资者情绪促进公司创新投入具有正向调节作用。

模型（5-9）检验了机构投资者持股比例在投资者情绪"塑造"管理者过度自信（OC1/OC2）过程中的调节效应。由检验结果可知，不论是用 OC1 还是 OC2 作为被解释变量进行 Logistic 回归，交乘项 INSH × SENT 的回归系数 α_3 均显著为正，表明机构投资者持股在投资者情绪"塑造"管理者过度自信的过程中具有正向调节效应。投资者情绪（SENT）的回归系数 α_1 均呈正向显著，且 $\alpha_1 + \alpha_3$ 显著大于 α_1，表明机构投资者持股在投资者情绪"塑造"管理者过度自信的过程中具有重要影响，且相对于机构持股较低的上市公司，这种影响在机构持股较高的上市公司中更大。

模型（5-10）进一步检验了机构投资者持股在投资者情绪通过"塑造"管理者过度自信进而影响公司创新投入过程调节效应的存在性。由检验结果可知，投资者情绪（SENT）的回归系数 α_1 在1%水平显著为正，机构投资者持股与投资者情绪的交乘项 INSH × SENT 的回归系数 α_3 在1%水平显著为正，$\alpha_1 + \alpha_3$ 显著大于 α_1，并且 OC1、OC2 的回归系数 α_4 均在显著为正，从而验证了机构投资者持股比例在投资者情绪影响公司创新投入过程中确有调节效应，相对于机构持股较低的上市公司，这种调节效应在机构持股较高的上市公司更强，且"管理者过度自信"在其中起到了不完全中介的作用。前述研究假说8通过检验。

5.3.3.6 稳健性检验

首先，本部分改变投资者情绪（SENT）的度量方式，采用吴世农和汪强（2009）的半年期动量指标来衡量。原有研究样本扩充得到 20 218 个观测值。将新构造的投资者情绪指标其代入原模型（5-8）~（5-10）中，回归检验结果对研究结论无实质性改变，表明本研究结论较稳健。见表5-15。

表 5 – 15 改变投资者情绪度量方式的稳健性检验结果

变量	符号	模型（5 – 8）RDr	模型（5 – 9）OC1	模型（5 – 10）RDr
Constant	α_0	0.0616 *** (11.24)	4.8282 *** (9.96)	0.0642 *** (11.37)
SENT	α_1	0.0019 ** (2.23)	0.0453 * (1.68)	0.0019 ** (2.24)
INSH	α_2	0.0040 *** (7.56)	0.0112 * (1.83)	0.0040 *** (7.57)
INSH × SENT	α_3	0.0007 * (1.77)	0.0071 * (1.77)	0.0007 * (1.76)
OC1	α_4			0.0015 ** (2.53)
RD_{-1}	α_5	0.0017 *** (33.02)		0.0017 *** (32.96)
RD_{-2}	α_6	0.0001 *** (2.58)		0.0001 *** (2.62)
LEV	α_7	− 0.0381 *** (− 23.10)		− 0.0384 *** (− 23.19)
CF	α_8	− 0.0175 *** (− 4.35)		− 0.0175 *** (− 4.35)
GSNL	α_9	− 0.0010 *** (− 18.14)		− 0.0010 *** (− 17.51)
SIZE	α_{10}	− 0.0017 *** (− 6.54)	− 0.3172 *** (− 17.09)	− 0.0018 *** (− 6.75)
HHI5	α_{11}	− 0.0177 *** (− 7.37)	1.1910 *** (6.92)	− 0.0172 *** (− 7.10)
GGCG	α_{12}	0.0002 *** (5.99)	0.0080 *** (5.29)	0.0002 *** (6.09)

续表

变量	符号	模型（5-8）	模型（5-9）	模型（5-10）
		RDr	OC1	RDr
GENDER	α_{13}		-0.0199 * （-1.83）	
AGE	α_{14}		0.0329 *** （5.20）	
DDSIZE	α_{15}		-0.1518 *** （-12.16）	
IND	$\alpha_{16}-\alpha_{33}$	控制	控制	控制
YEAR	$\alpha_{34}-\alpha_{41}$	控制	控制	控制
N		20 218	20 218	20 218
Adi - R^2		0.432		0.432
LogLikelihood			-8 386.2988 ***	

注：模型（5-8）、模型（5-10）为 OLS 回归，模型（5-9）为 Logistic 回归，***、**、*
分别代表在 1%、5% 与 10% 的水平上显著。

资料来源：作者整理。

其次，本部分改变机构投资者持股比例（INSH）的度量方式，以持股比例
的四分之三分位数为赋值标准，超过四分之三分位数的赋值为 1，否则赋值为
0。管理者过度自信程度以 OC1 度量，代入原模型（5-8）~（5-10），回归检
验结果对研究结论无实质性改变，表明本研究结论较为稳健。见表 5-16。

表 5-16 改变机构投资者持股比例度量标准的稳健性检验结果

变量	符号	模型（5-8）	模型（5-9）	模型（5-10）
		RDr	OC1	RDr
Constant	α_0	0.0073 （0.92）	2.8862 *** （4.32）	0.0084 （1.05）

续表

变量	符号	模型（5-8）	模型（5-9）	模型（5-10）
		RDr	OC1	RDr
SENT	α_1	0.0038 *** (4.57)	0.1379 ** (2.40)	0.0036 *** (4.25)
INSH	α_2	0.0010 *** (2.53)	0.0355 * (1.77)	0.0010 ** (2.55)
INSH × SENT	α_3	0.0006 * (1.78)	0.0401 * (1.86)	0.0006 ** (2.13)
OC1	α_4			0.0028 *** (3.91)
RD$_{-1}$	α_5	0.0019 *** (17.85)		0.0019 *** (17.79)
RD$_{-2}$	α_6	0.0011 *** (9.16)		0.0011 *** (9.20)
LEV	α_7	-0.0262 *** (-14.18)		-0.0264 *** (-14.27)
CF	α_8	-0.0027 (-0.79)		-0.0031 (-0.91)
GSNL	α_9	-0.0007 *** (-11.97)		-0.0007 *** (-11.51)
SIZE	α_{10}	0.0004 (0.85)	-0.2188 *** (-5.89)	0.0002 (0.52)
HHI5	α_{11}	-0.0152 *** (-6.32)	1.1231 *** (6.06)	-0.0135 *** (-5.62)
GGCG	α_{12}	0.0002 *** (6.17)	0.0008 (0.52)	0.0002 *** (5.95)
GENDER	α_{13}		-1.0244 *** (-4.92)	

续表

变量	符号	模型（5-8）	模型（5-9）	模型（5-10）
		RDr	OC1	RDr
AGE	α_{14}		0.0280 *** （3.94）	
DDSIZE	α_{15}		-0.8260 *** （-9.10）	
IND	$\alpha_{16} - \alpha_{33}$	控制	控制	控制
YEAR	$\alpha_{34} - \alpha_{41}$	控制	控制	控制
N		10 159	10 159	10 159
Adi-R^2		0.484		0.485
LogLikelihood			-6 690.0642 ***	

注：模型（5-8）、模型（5-10）为 OLS 回归，模型（5-9）为 Logistic 回归，***、**、*
分别代表在 1%、5% 与 10% 的水平上显著。

资料来源：作者整理。

5.4 本章小结

本章以管理者非理性视角，将制度设计、股权特征与市场参与者的心理
因素引入微观企业技术创新的研究领域。基于 2007～2014 年中国 A 股上市公
司数据，通过彻底放松"市场有效性假说"与"完全理性人假说"，将投资
者情绪与管理者过度自信纳入同一研究框架内，运用多元层次回归方法构建
联立方程，实证检验了投资者情绪对于公司创新投资影响的存在性及影响渠
道。并通过区分创新投入的方式试图检验在"管理者过度自信"的中介作用
下，投资者情绪对于公司创新投资的影响是否因创新投入方式不同而存在异
质性。此外，进一步的引入制度因素与股权结构特征对这种影响进行深度
分析。

　　实证结果表明："管理者过度自信"是投资者情绪影响公司创新投资过程中的不完全中介渠道。相对于开发式创新投资，投资者情绪通过"塑造"管理者过度自信对于公司的探索式创新投资的影响更强。相对于政府控制的上市公司、机构投资者持股水平较低的上市公司。投资者情绪通过"塑造"管理者过度自信进而影响公司创新投资的这种作用在政府控制的上市公司、机构投资者持股水平较高的上市公司尤为显著。

　　本章的研究启示是：

　　（1）目前中国正面临结构调整与经济转型的特殊时期，政府应充分了解资本市场中的投资者情绪对于企业创新活动存在的积极作用，用"有形之手"规范并稳定股票市场，重塑投资者信心，并出台相应的经济政策激发管理者的自信心理，增强企业的创新活力，促进"制造经济"向"创新经济"的调整。

　　（2）当资本市场中的投资者情绪过于高涨时，应抑制管理者过于高涨的同质心理，避免过度研发，规避企业风险。

　　（3）针对政府控制的上市公司，应合理发挥政府在高管薪酬契约设计中的主导作用，强化资本市场的股票价格波动与管理者自身利益的关联性，增强资本市场对于企业创新投资活动的影响力，加强央企、行业龙头企业等的创新引领作用。

　　（4）针对机构投资者在公司创新中所具有的"治理效应"，政府的监管部门除了在"超常规发展机构投资者"的政策指引下，应更加注重机构投资者"质"的提高，使机构投资者真正胜任公司治理中的"专家"角色，引导企业进行更多的价值投资，促进创新。

第6章　投资者情绪、创新投资与企业价值

本章以行为金融学视角，基于 2007～2014 年沪、深 A 股 2 277 家上市公司 10 160 个混合截面数据为研究样本，通过构造联立结构方程模型，考察了投资者情绪、创新投资与企业价值之间的关系。进一步的，检验了政府控制的制度背景在其中所具有的调节效应。实证检验发现，公司的创新投入与企业价值显著正相关，相对于政府控制的上市公司，非政府控制的上市公司的创新投入对于企业价值的提升力相对较强，"投资者情绪"是政府控制的制度背景得以发挥调节效应的重要中介渠道。

6.1 实证研究设计

本部分首先检验投资者情绪、公司创新投资与企业价值三者之间的关系，即公司的创新投资是否正向影响企业价值？若此影响存在，"投资者情绪"是否是创新投资影响企业价值的中介渠道？如前述 5.2 节的检验方法一致，本部分依然采用温忠麟等（2004）的中介效应检验程序，构造联立结构方程进行实证检验。

6.1.1 研究模型与变量设计

6.1.1.1 研究模型设计

本节的研究主旨意在检验"投资者情绪"在"创新投资"与"企业价值"之间中介效应的存在性，借鉴相关的主流文献，按照前述 5.1.1 节所阐述的温忠麟等（2004）的中介效应检验程序构建如下递归模型：

$$TOBINQ = \alpha_0 + \alpha_1 \times RDr + \sum CONTROL + \sum YEAR + \sum IND + \varepsilon_1$$

$$(6-1)$$

$$SENT = \alpha_0 + \alpha_1 \times RDr + \sum CONTROL + \sum YEAR + \sum IND + \varepsilon_2$$

$$(6-2)$$

$$TOBINQ = \alpha_0 + \alpha_1 \times RDr + \alpha_2 \times SENT + \sum CONTROL$$

$$+ \sum YEAR + \sum IND + \varepsilon_3 \qquad (6-3)$$

其中，TOBINQ 为企业价值，SENT 为投资者情绪，RDr 为创新投入，α_0 为截距，α_i 为系数，ε_i 为残差，各变量的定义见表 6-1。

表 6-1 变量的定义

变量类型	变量名称	变量代码	变量定义及取值方法
测试变量	企业价值	TOBINQ	托宾 Q 值
	创新投入	RDr	研发支出/主营任务收入
	投资者情绪	SENT	个股的投资者情绪综合指数
控制变量	现金流量	CF	经营活动净现金流量/总资产
	营业利润率	SR	(营业收入 - 营业成本)/营业收入
	资产负债率	LEV	总负债/总资产
	企业规模	SIZE	企业总资产的自然对数
	高新技术属性	HTECH	高新技术公司取值为 1，否则为 0
	企业年龄	GSNL	公司已上市年限
	地区	LOCATION	东部地区取 0，中部地区取 1，西部地区取 2
	行业	IND	参照证监会 2012 年行业分类指南，制造业按照二级代码分类，其他行业按照一级代码分类，共计 17 个行业虚拟变量
	年度	YEAR	选取 2007～2014 年，共 7 个年度虚拟变量

资料来源：作者整理。

因上述递归模型中的变量均为显变量，根据温忠麟等提出的中介效应检验程序，可以依次做回归分析来替代路径分析，用以检验中介效应的存在。本研究模型的构建逻辑是：

首先对模型（6-1）进行回归，检验公司的创新投入对企业价值是否存在影响。若创新投入（RDr）的回归系数 α_1 显著，表明创新投入确实影响企业价值，则依次对模型（6-2）、模型（6-3）进行回归检验；

若模型（6-2）中的 α_1 与模型（6-3）中的 α_2 均显著，表明创新投入在影响企业价值的过程中，至少部分地通过投资者情绪产生作用。若此时模型（6-3）中的创新投入（RDr）的回归系数 α_1 显著，说明在创新投入影响企业价值的作用过程中，投资者情绪扮演了部分中介的作用；若此时 α_1 不显著，则说明投资者情绪扮演了完全中介的作用。但，若模型（6-2）中的 α_1 与模型（6-3）中的 α_2 至少有一个不显著，则需进行 Sobel 检验才能做最终定论，若结果显著，表明存在中介效应，反之，则不存在中介效应。

6.1.1.2　变量设计

本部分的测试变量为企业价值、投资者情绪、创新投入。投资者情绪与创新投入变量的选取与界定与上一章相同。

企业价值变量的选取借鉴了陈海声和卢丹（2011）等主流文献的做法，采用目前较为常用的公司价值评估指标——托宾 Q 值作为替代变量。计算公式是 TOBINQ＝总资本的市场价值／总资本的重置成本＝（年末流通市值＋非流通股净资产金额＋长期负债合计＋短期负债合计）／年末总资产。

控制变量的选取参照主流文献的做法，主要包括：现金流量（CF）、营业利润率（SR）、资产负债率（LEV）、企业规模（SIZE）、高新技术属性（HTECH）、企业年龄（GSNL）、地区属性（LOCATION），并控制了行业与年度固定效应。

6.1.2　样本选择与数据来源

本研究的初始样本及筛选处理标准与上一章相同，在剔除了相关数据缺失、无法计算及明显异常的公司观测值，把所有解释变量均取滞后一期观测值以控制内生性问题后，本研究最终的样本区间为 2007～2014 年，共获得 2 277 家上市公司，10 160 个年度观测值。样本中的所有连续型变量均在上、下各 0.5% 分位数进行了 Winsorized 处理。上市公司的基本财务数据均取国泰安 CSMAR 数据库，股票金融数据取自锐思 RESSET 金融数据库。其中，研发支出数据经国泰安 CSMAR 数据库上市公司年报手工整理获得。本研究的数据处理与实证分析使用了 Excel 2010、Stata 13.0 软件。

6.2 实证结果分析

6.2.1 描述性统计结果与分析

表 6－2 报告了经过标准化处理后的测试变量的描述性统计结果。其中，创新投入（RDr）的均值为 2.56%，表明我国 A 股上市公司整体的创新投入水平不高，仅达到维持生存的 2% 的国际标准，距离 5% 的具备竞争力的国际标准尚有差距，创新型国家之路任重而道远；投资者情绪（SENT）的均值及中位数均为负数，表明在样本期间内我国资本市场上投资者整体情绪较为低落，这与此时段我国股市整体行情走向的现实情况相符。

表 6－2   测试变量的描述性统计分析

变量	平均值	中位数	标准差	最小值	最大值
TOBINQ	2.0514	1.6281	1.5851	0.2107	8.6673
RDr	0.0256	0.0077	0.0399	0.0000	0.2369
SENT	−0.0698	−0.0348	1.0369	−2.3073	2.7895

注：***、**、* 分别代表在 1%、5% 与 10% 的水平上显著。限于篇幅，仅列示主要关注的测试变量。

资料来源：作者整理。

表 6-3 报告了经过标准化处理后的模型所有变量的 Pearson 相关系数，可以直观的看出，企业创新投入（RDr）、投资者情绪（SENT）与企业价值（TOBINQ）均在 1% 水平显著正相关，企业创新投入（RDr）与投资者情绪（SENT）在 1% 水平显著正相关，这在一定程度上表明创新投入对企业价值、投资者情绪均有正向"驱动"作用，投资者情绪对企业价值有正向影响，初步验证了研究假说 H9、H10。但由于没有考虑所有变量之间的相互关系，更为严谨的结论还需后续进一步的实证检验。

6.2.2 回归检验结果与分析

表 6-4 报告了模型（6-1）~ 模型（6-3），即投资者情绪中介效应的检验结果。由模型（6-1）的回归结果可知，公司创新投入（RDr）的回归系数 α_1 在 1% 水平显著为正，表明创新投入对于企业价值确实存在正向影响，研究假说 9 通过检验。由模型（6-2）的回归结果可知，公司创新投入（RDr）的回归系数 α_1 在 10% 水平显著为正，表明创新投入对于投资者情绪存在正向影响，企业的创新投入水平可以增强投资者信心。并且，在模型（6-3）中，投资者情绪（SENT）的回归系数 α_2 在 1% 水平显著为正，这表明投资者情绪对于企业价值存在正向影响。同时，公司创新投入（RDr）的回归系数 α_1 同样在 1% 水平上显著为正，由前述的中介效应检验方法可知，这表明在创新投入影响企业价值的过程中，投资者情绪扮演了不完全中介的角色，前述研究假说 10 通过检验。关于其他控制变量的回归结果因不在本部分研究范畴内，故不再赘述，但基本符合预期判断。

表 6－3

主要变量的 Pearson 相关系数

	TOBINQ	SENT	RDr	SR	CF	LEV	STATE	HTECH	SIZE	HH15	LCATION
TOBINQ	1										
SENT	0.619 ***	1									
RDr	0.234 ***	0.114 ***	1								
SR	0.393 ***	0.156 ***	0.371 ***	1							
CF	0.152 ***	0.055 ***	-0.032 ***	0.185 ***	1						
LEV	-0.469 ***	-0.381 ***	-0.440 ***	-0.425 ***	-0.070 ***	1					
STATE	-0.213 ***	-0.196 ***	-0.313 ***	-0.191 ***	0.096 ***	0.369 ***	1				
HTECH	0.092 ***	0.082 ***	0.265 ***	0.060 ***	-0.051 ***	-0.240 ***	-0.195 ***	1			
SIZE	0.468 ***	-0.648 ***	-0.270 ***	-0.185 ***	0.071 ***	0.505 ***	0.391 ***	-0.193 ***	1		
HH15	-0.032 ***	-0.160 ***	-0.073 ***	0.003	0.051 ***	0.019 *	0.121 ***	-0.049 ***	0.251 ***	1	
LCATION	-0.007	-0.001	-0.117 ***	-0.011	0.043 ***	0.112 ***	0.188 ***	0.080 ***	-0.000	-0.048 ***	1

注：***、**、* 分别代表在 1%、5% 与 10% 的水平上显著。

资料来源：作者整理。

表6-4 投资者情绪中介效应的检验结果

变量	符号	模型 (6-1) TOBIN	模型 (6-2) SENT	模型 (6-3) TOBIN
Constant	α_0	8.9381 *** (45.02)	9.0059 *** (18.00)	1.8810 *** (4.12)
RDr	α_1	0.0089 *** (2.61)	0.0020 * (1.88)	0.0092 *** (2.79)
SENT	α_2			0.8211 *** (16.52)
LEV	α_3	-1.7330 *** (-21.23)		-1.0304 *** (-11.28)
HHI5	α_4	0.9920 *** (9.98)		1.0471 *** (10.76)
SR	α_5	2.2525 *** (21.95)	0.3195 *** (13.22)	2.2263 *** (22.25)
CF	α_6	1.8248 *** (10.20)	0.5564 *** (9.88)	1.4681 *** (8.40)
HTECH	α_7	-0.0274 (-1.02)	0.0196 ** (2.15)	-0.0422 (-1.61)
STATE	α_8	-0.0652 *** (-2.18)	-0.0276 *** (-3.02)	-0.0556 * (-1.91)
SIZE	α_9	-0.4178 *** (-28.54)	-0.5241 *** (-11.47)	-0.0321 (-1.24)
GSNL	α_{10}	0.0178 *** (6.42)	-0.0049 *** (-6.19)	0.0159 *** (6.00)
LOCATION	α_{11}	0.0181 (1.03)	-0.3172 *** (-17.09)	0.0284 * (1.65)
IND	$\alpha_{12} - \alpha_{28}$	控制	控制	控制
YEAR	$\alpha_{29} - \alpha_{36}$	控制	控制	控制
N		10 160	10 160	10 160
Adi - R^2		0.512	0.581	0.542

注: *** 、 ** 、 * 分别代表在1%、5%与10%的水平上显著。

资料来源: 作者整理。

6.2.3 稳健性分析

本部分的稳健性分析同上一章相同，改变投资者情绪（SENT）的度量方式，采用吴世农和汪强（2009）的半年期动量指标来衡量，同时其余变量均取值半年期观测值，以保证计算口径的一致。由此。原有研究样本扩充得到 20 280 个观测值。将新构造的投资者情绪指标其代入原模型（6－1）~模型（6－3）中进行回归，检验结果如表6－5所示，对结论并无实质性改变，表明本部分的研究较为稳健。

表 6－5　　　　　　　　　　　稳健性检验结果

变量	符号	模型（6－1） TOBIN	模型（6－2） SENT	模型（6－3） TOBIN
Constant	α_0	8.6391 *** (37.26)	0.3732 *** (4.85)	8.4364 *** (36.53)
RDr	α_1	0.5990 * (1.65)	0.0540 * (1.78)	0.6157 * (1.73)
SENT	α_2			0.4784 *** (16.40)
LEV	α_3	－1.3800 *** （－19.42）		－1.4140 *** （－19.88）
HHI5	α_4	0.9140 *** (10.44)		0.9232 *** (10.66)
SR	α_5	3.1021 *** (33.48)	0.1665 *** (7.75)	3.0090 *** (32.73)
CF	α_6	1.9506 *** (11.64)	0.1656 *** (3.32)	1.8643 *** (11.31)

续表

变量	符号	模型 (6-1)	模型 (6-2)	模型 (6-3)
		TOBIN	SENT	TOBIN
HTECH	α_7	-0.0223 (-0.99)	0.0036 (0.49)	-0.0246 (-1.11)
STATE	α_8	0.0248 (1.27)	0.0019 (0.28)	0.0233 (1.20)
SIZE	α_9	-0.2934*** (-26.83)	-0.0019** (-2.60)	-0.2908*** (-26.72)
GSNL	α_{10}	0.0044* (1.96)	0.0004** (2.19)	0.0047** (2.12)
LOCATION	α_{11}	0.0166 (1.17)	0.0044 (0.98)	0.0196 (1.39)
IND	$\alpha_{12} - \alpha_{28}$	控制	控制	控制
YEAR	$\alpha_{29} - \alpha_{36}$	控制	控制	控制
N		20 280	20 280	20 280
Adi-R^2		0.504	0.459	0.516

注: ***、**、*分别代表在1%、5%与10%的水平上显著。
资料来源: 作者整理。

6.3　基于制度背景的进一步检验

6.3.1　研究模型设计

本部分的研究意图旨在检验政府控制的制度背景在公司的创新投入、投资者情绪与企业价值之间的调节效应。在测试变量中, 企业价值 (TOBINQ) 为因变量, 公司的创新投入 (RDr) 为自变量, 投资者情绪 (SENT) 为创新投入（RDr）影响企业价值（TOBINQ）的中介变量，政府控制（STATE）为调节变量。本部分与前述 5.3 节的研究设计相仿，同样采用温忠麟等（2006）的有中介的调节效应的检验程序，借鉴花贵如等（2014）研究模型，构建如下递归模型（6-4）~模型（6-6），检验政府控制的制度背景是否以及如何影响投资者情绪介入企业价值投资的问题，即政府控制的"有中介的调节效应"的存在性。

$$TOBINQ = \alpha_0 + \alpha_1 \times RDr + \alpha_2 \times STATE \times RDr + \sum CONTROL$$
$$+ \sum YEAR + \sum IND + \varepsilon_1 \tag{6-4}$$

$$SENT = \alpha_0 + \alpha_1 \times RDr + \alpha_2 \times STATE \times RDr + \sum CONTROL$$
$$+ \sum YEAR + \sum IND + \varepsilon_2 \tag{6-5}$$

$$TOBINQ = \alpha_0 + \alpha_1 \times RDr + \alpha_2 \times STATE \times RDr + \alpha_3 \times SENT$$
$$+ \sum CONTROL + \sum YEAR + \sum IND + \varepsilon_3 \tag{6-6}$$

上述模型中，α_0 为截距，α_i 为系数，ε_i 为残差。

政府控制变量（STATE）的界定同上一章相同，承袭花贵如等（2014）、谢德仁和陈运森（2009）等的研究，按照实际控制人类型赋值。将实际控制人为中央或地方国有的公司观测值赋值为 1，反之，则赋值为 0。模型其他变量的选取与界定同 6.1 节，具体定义参见变量定义表 6-1。

依循温忠麟的有中介的调节效应的检验程序，本研究模型的构造逻辑是：

第一步对模型（6-4）进行回归，若政府控制属性（STATE）与公司创新投入（RDr）的交乘项，即调节效应项 STATE × RDr 的回归系数 α_2 显著，说明政府控制在创新投入与企业价值之间的关系中具有调节效应，则依次进行第二步对于模型（6-5）的回归检验；

第二步在模型（6-5）的回归结果中，若 STATE × RDr 的回归系数 α_2 仍显著，说明在公司创新投入与投资者情绪的影响关系中，政府控制起到了调节作用，此时依次进入第三步对于模型（6-6）的回归检验；

在第三步中，投资者情绪（SENT）的回归系数 α_3 需显著，说明政府控制的调节效应在公司创新投入影响企业价值的过程中至少部分地通过"投资者情绪"这个中介变量产生作用。若此时 STATE × RDr 的回归系数 α_2 也显著，说明政府控制的调节效应部分通过"投资者情绪"这一中介渠道发挥作用。若 α_2 不显著，则说明政府控制的调节效应完全通过"投资者情绪"这一中介渠道产生作用。

6.3.2 实证结果分析

6.3.2.1 描述性统计结果与分析

表 6-6 区分政府控制属性，分组报告了测试变量的 pearson 相关系数。可以直观地看出，解释变量与被解释变量之间的相关系数最高不超过 0.2，表明不存在多重共线性问题，可用以后续的回归分析。

表 6-6　　　　　　　　　　测试变量的 **Pearson** 相关系数

	政府控制	TOBINQ	SENT	RDr
TOBINQ	高	1		
	低	1		
SENT	高	0.0080 *	1	
	低	0.1010 ***	1	
RDr	高	0.0339 **	0.1288 ***	1
	低	0.0510 ***	0.1708 ***	1

注：*** 、** 、* 分别代表在 1%、5% 与 10% 的水平上显著。受篇幅所限，只列示所关注的测试变量。

资料来源：作者整理。

公司创新投入变量（RDr）与企业价值变量（TOBINQ）、投资者情绪变量（SENT）与公司创新投入变量（RDr）的相关系数均呈显著正向关系。特别的，我们发现，相对于政府控制的公司组别，上述变量之间的相关系数的显著性水平及数值大小在非政府控制的公司组别较高，这或许在一定程度上验证了研究假说 11，但由于没有考虑所有变量之间的相关性，更为严谨的结论尚需进一步的回归检验分析。

表 6 - 7 报告了测试变量的描述性统计结果。区分政府控制属性，分别对测试变量 TOBINQ、RDr、SENT 进行了均值差异的 T 检验，检验结果均在 1% 水平显著，表明本部分区分政府控制的制度背景，进一步检验其对于投资者情绪、创新投入与企业价值之间的调节效应的研究是十分必要的。非政府控制的公司组的企业价值变量（TOBINQ）、公司创新投入变量（RDr）的样本均值均显著高于政府控制的公司组，表明相对于政府控制的上市公司，非政府控制的上市公司的创新投入水平较高，创造价值的能力相对较强，这是否意味着较高的创新投入"驱动"了企业的价值创造？这一结论有待进一步的实证检验。

6.3.2.2 回归检验结果与分析

表 6 - 8 报告了对模型（6 - 4）~ 模型（6 - 6）进行逐步回归的检验结果。

模型（6 - 4）检验了政府控制（STATE）对于公司创新投入（RDr）与企业价值（TOBINQ）之间关系的调节效应。由检验结果可知，公司创新投入（RDr）的回归系数 α_1 在 5% 水平显著为正，政府控制（STATE）与公司创新投入（RDr）的交乘项 STATE × RDr 的回归系数 α_3 在 1% 水平显著为负，表明政府控制属性在其中存在调节效应，可进行下步检验。另外，根据交乘

表 6 - 7　　　　测试变量的描述性统计分析

变量	平均值				标准差	中位数	最小值	最大值
	全样本 （N＝10 160）	政府控制 （N＝4 375）	非政府控制 （N＝5 751）	均值差异的 T 检验				
TOBINQ	2.0514	1.6653	2.3473	21.9984***	1.5851	1.6281	0.2107	8.6673
RDr	0.0256	0.0114	0.0365	22.5082***	0.0399	0.0077	0	0.2369
SENT	-0.0698	-0.1621	-0.2476	20.1266***	1.0369	0.0348	-2.3073	2.7895

注：***、**、*分别代表在1%、5%与10%的水平上显著。受篇幅所限，只列示所关注的测试变量。
资料来源：作者整理。

表 6 - 8 政府控制、投资者情绪与公司价值的检验结果

变量	符号	模型 (6-4)	模型 (6-5)	模型 (6-6)
		TOBIN	SENT	TOBIN
Constant	α_0	9.1144 *** (45.15)	8.5632 *** (13.28)	1.9921 *** (4.38)
RDr	α_1	0.0092 ** (1.97)	0.0028 ** (2.10)	0.0115 ** (2.52)
SENT	α_2			0.8317 *** (16.80)
STATE × RDr	α_3	0.0334 *** (6.65)	-0.0060 *** (-3.91)	-0.0384 *** (-7.82)
STATE	α_4	-0.2204 *** (-5.65)	0.0164 (1.29)	-0.0437 * (-1.93)
LEV	α_5	-1.7600 *** (-21.54)		-1.0524 *** (-11.52)
HHI5	α_6	0.9630 *** (9.65)		1.0145 *** (10.38)
SR	α_7	2.2585 *** (22.11)	0.0308 (1.30)	2.2328 *** (22.46)
CF	α_8	1.8407 *** (10.31)	0.4315 *** (8.04)	1.4818 *** (8.50)
HTECH	α_9	-0.0145 (-0.54)	0.0158 * (1.81)	-0.0276 (-1.05)
SIZE	α_{10}	-0.4185 *** (-28.62)	-0.4697 *** (-14.47)	-0.0279 (-1.08)
GSNL	α_{11}	0.0141 *** (5.08)	0.0029 *** (3.60)	0.0117 *** (4.39)
LOCATION	α_{12}	0.0092 (0.52)	-0.0109 ** (-2.19)	1.9921 *** (4.38)

变量	符号	模型 (6-4)	模型 (6-5)	模型 (6-6)
		TOBIN	SENT	TOBIN
IND	$\alpha_{13} - \alpha_{29}$	控制	控制	控制
YEAR	$\alpha_{30} - \alpha_{37}$	控制	控制	控制
N		10 160	10 160	10 160
Adi - R^2		0.515	0.597	0.545

注: *** 、** 、* 分别代表在 1% 、5% 与 10% 的水平上显著。
资料来源: 作者整理。

项的构造原理，当实际控制人为非政府时，即 STATE = 0，公司创新投入（RDr）对于企业价值（TOBINQ）的影响效应由回归系数 α_1 捕捉，此时 α_1 在 5% 水平显著为正，表明公司的创新投入水平对于非政府控制的上市公司的企业价值确有提升作用；而在实际控制人为政府时，即 STATE = 1，公司创新投入（RDr）对于企业价值（TOBINQ）的影响效应由回归系数 $\alpha_1 + \alpha_3$ 来捕捉，此时 α_3 在 1% 水平显著为负，$\alpha_1 + \alpha_3$ 显著小于 α_1，表明对于政府控制的上市公司，公司的创新投入水平确实有助于提升企业价值，但其作用弱于非政府控制的上市公司，研究假说 11 通过检验。

模型（6-5）报告了政府控制的制度背景在公司创新投入与投资者情绪之间关系的调节效应。由回归结果可知，公司创新投入（RDr）的回归系数 α_1 在 5% 水平显著为正，表明创新投入水平高的公司，投资者的信心较强，情绪较为高涨。政府控制（STATE）与公司创新投入（RDr）的交乘项 STATE × RDr 的回归系数 α_3 在 1% 水平显著为负，表明政府控制在创新投入与投资者情绪的关系中，调节效应显著。并且由前述交乘项的构造原理可知，相对于政府控制的上市公司，投资者对于非政府控制的公司创新的信心更强。

进一步结合模型（6-6）的检验结果，我们可以判断出政府控制的调节效应是否通过"投资者情绪"的中介渠道发挥作用。公司创新投入（RDr）

的回归系数 α_1 在 5% 水平显著为正，交乘项 STATE × RDr 的回归系数 α_3 在 1% 水平显著为负，表明投资者情绪在创新投入影响企业价值的过程中，扮演了部分中介的角色，且政府控制的调节效应部分通过"投资者情绪"这一中介渠道发挥作用。即，相对于实际控制人为非政府的上市公司，实际控制人为政府的上市公司的创新投入水平对于投资者信心的提振作用较弱，进而部分地引致创新投入水平对于公司价值的驱动影响也较弱。前述假说 12 通过检验。

6.3.3 稳健性分析

首先，我们将原模型（6-4）~ 模型（6-6）在剔除了所有控制变量后进行了再次回归，检验结果对结论并无实质性影响。其次，本部分仿效前面章节的敏感性分析方法，改变投资者情绪（SENT）的度量方式，采用吴世农和汪强（2009）的半年期动量指标来衡量。由此。原有研究样本扩充得到 20 280 个观测值。将新构造的投资者情绪指标其代入原模型（6-4）~ 模型（6-6）中，回归结果对研究结论无实质性改变，表明本研究结论具有稳定性（见表6-9）。

表6-9   稳健性检验结果

变量	符号	模型（6-4） TOBIN	模型（6-5） SENT	模型（6-6） TOBIN
Constant	α_0	8.6107 *** (37.15)	0.3801 *** (4.93)	8.4050 *** (36.42)
RDr	α_1	1.0260 ** (2.39)	0.1524 ** (2.56)	1.0837 ** (2.57)
SENT	α_2			0.4790 *** (16.42)

续表

变量	符号	模型（6-4）	模型（6-5）	模型（6-6）
		TOBIN	SENT	TOBIN
STATE × RDr	α_3	0.5764 * （1.92）	0.1252 ** （2.48）	-0.6317 *** （-1.70）
STATE	α_4	-0.0434 * （-1.90）	0.0015 ** （2.19）	0.0437 * （1.93）
LEV	α_5	-1.3774 *** （-19.40）		-1.4112 *** （-19.86）
HHI5	α_6	0.9069 *** （10.36）		0.9154 *** （10.57）
SR	α_7	3.0995 *** （33.52）	0.1686 *** （7.84）	3.0060 *** （32.78）
CF	α_8	1.9635 *** （11.67）	0.1600 *** （3.21）	1.8783 *** （11.35）
HTECH	α_9	-0.0243 （-1.08）	0.0046 （1.81）	-0.0269 （-1.21）
SIZE	α_{10}	-0.2931 *** （-26.84）	-0.4697 *** （0.63）	-0.2904 *** （-26.74）
GSNL	α_{11}	0.0043 * （1.90）	0.0001 （0.08）	0.0046 ** （2.06）
LOCATION	α_{12}	0.0172 （1.21）	-0.0046 ** （-2.01）	0.0202 （1.44）
IND	$\alpha_{13} - \alpha_{29}$	控制	控制	控制
YEAR	$\alpha_{30} - \alpha_{37}$	控制	控制	控制
N		20 280	20 280	20 280
Adi - R^2		0.504	0.460	0.516

注：***、**、*分别代表在1%、5%与10%的水平上显著。

资料来源：作者整理。

6.4 本 章 小 结

本章立足于我国资本市场现实与上市公司实际，将投资者的心理因素引入企业的创新活动与企业价值的研究范畴，并嵌入政府控制的制度因素，以行为金融学视角，基于2007～2014年A股上市公司的混合截面数据，通过构造联立结构方程模型，考察了政府控制的制度背景在投资者情绪、创新投入与企业价值之间关系的调节效应。本章通过实证检验发现：

（1）公司创新投入与企业价值显著正相关。在创新投入"驱动"企业价值创造的过程中，"投资者情绪"扮演了部分中介的角色。

（2）相对于实际控制人类型为政府的上市公司，非政府控制的上市公司的创新投入对于企业价值的提升力相对较强，"投资者情绪"是政府控制的制度背景得以发挥调节效应的重要中介渠道。

本章的研究发现意味着，可以结合政府控制的制度背景对于企业创新投资的调节效应，合理调整资本市场的投资者信心在上市公司创新投入与价值创造中的介入作用。政府除了制定各种积极的财政税收政策以激励企业技术创新之外，还应充分了解投资者的心理因素对于公司创新与价值创造所存在的积极影响。借助"有形之手"规范股票市场，保持与提振投资者信心，增强资本市场对于企业创新的影响力，特别是需提升国有上市公司的创新效率与价值创造能力，借助虚拟经济的助推力，驱动"制造经济"向"创新经济"的转型调整。

第7章　研究结论、启示与进一步研究的方向

本章对全书内容进行一个总结。首先，在对实证研究所得检验结果进行深入分析、合理归纳的基础上，形成本书的最终研究结论；其次，结合中国资本市场实际与上市公司创新现状，提出本书的研究启示，以及未来仍需进一步研究的方向。

7.1　研究结论、启示与政策建议

创新驱动是当前中国经济转型发展的新引擎，其核心力量是技术创新。2016 年 5 月中共中央国务院印发的《国家创新驱动发展纲要》中进一步提出了我国创新驱动发展的三步走战略，并指出战略保障之一是需要多渠道增加创新投入，引导企业成为技术创新的投入主体。可见，企业的创新投资问题关系到了国家创新目标实现的全局，围绕此课题的研究具有十分重要的战略现实意义。

在此背景下，本书基于行为金融学的研究成果，立足于中国特殊的制度背景，结合资本市场实际，依循"行为—结果"的研究路径，采用规范研究与实证研究相结合，系统、全面地探讨投资者情绪对企业创新投资的影响。本书通过渐进式的放松"市场有效性"假说与"完全理性人"假说，分别从管理者理性与管理者非理性两种异质的影响路径分析框架下，考察投资者情绪对于公司创新投资的影响，并嵌入政府控制的制度背景、机构投资者持股的股权结构和公司特征等影响因素，进一步分析在中国转轨制度环境下这种影响的差异性；最后，依循结果路径，深入分析投资者情绪对企业价值存在的影响。本文的主要研究结论、启示与政策性建议如下：

第一，在管理者理性研究框架下，创新产出、投资者情绪与企业创新投入显著正相关。投资者情绪波动幅度越大，创新产出对创新投入水平的敏感性越高；进一步区分制度背景与高新技术属性的检验发现，投资者情绪的这种调节效应在实际控制人为非政府的上市公司、具有更高融资约束程度的高新技术公司更为显著。这带给我们的启示是：基于技术创新活动天然的保密性特征、高度的信息不对称导致企业的创新活动存在较为严重的融资约束问题。为解决这一困境，上市公司可以借助股市投资者情绪的波动，择时融资，进而降低资金成本，获得更多的研发资金支持；同时，政府应了解股市投资者的非理性行为对于企业研发创新活动存在的积极作用，借助"有形之手"规范并稳定股票市场，重塑投资者信心，同时也应更加重视研发企业的融资困境，有针对性加大制度创新与政策扶持；此外，国家应针对经济周期不同阶段制定不同的企业创新支持政策，如经济扩张期可通过财政补贴与税收优惠等措施加大对企业研发投入的激励，紧缩期可通过提高创新贷款贴息力度等措施缓解企业的融资约束，从而有助于研发活动的持续、良性开展、推动企业创新；

第二，在管理者非理性研究框架下，投资者情绪对创新投入存在显著正向影响，"管理者过度自信"是投资者情绪影响企业创新投入的不完全中介渠道。相对于开发式创新，投资者情绪对于公司探索式创新投入的影响更为显著；进一步的实证检验发现，相对于政府控制的上市公司，投资者情绪、管理者过度自信对于企业创新投入的影响在非政府控制的上市公司更为显著。相对于机构持股水平较低的上市公司，投资者情绪、管理者过度自信对于企业创新投入的影响在机构持股水平较高的上市公司更为显著。这带给我们的启示是：在现实的资本市场中，投资者与管理者是有限理性共存的，高涨的投资者情绪可以通过"情绪感染"塑造管理者的同质情绪，激发其过度自信的心理，提升管理者的风险承担能力与创新动力，推动企业的创新活动尤其是探索式创新项目的开展。特别是目前中国正面临结构调整与经济转型的特殊时期，政府应充分了解资本市场中的投资者情绪对于企业创新活动存在的积极作用，除了用"有形之手"规范并稳定股票市场，提振投资者信心以外，还应出台相应的经济政策激发管理者的自信心理，增强企业的创新活力，促进"制造经济"向"创新经济"的调整；另外，当资本市场中的投资者情绪过于高涨时，应抑制管理者过于高涨的同质心理，避免过度研发，规避企业风险。同时，针对政府控制的上市公司，应合理发挥政府在高管薪酬契约设计中的主导作用，强化资本市场的股票价格波动与管理者自身利益的关联性，增强资本市场对于企业创新投资活动的影响力，加强央企、行业龙头企业等的创新引领作用。此外，我国的监管层不仅要在"量"上"超常规发展机构投资者"，更应该在"质"上培育更加"理性"、"专业"的机构投资者群体，充分发挥其对于公司治理及企业投资方面的积极影响力，有助于公司管理者提高投资决策质量，促进企业创新。

第三，创新投入与企业价值显著正相关，相对于政府控制的上市公司，非政府控制上市公司的创新投入对于企业价值的提升力相对较强。"投资者情绪"是政府控制的制度背景得以发挥调节效应的重要中介渠道。鉴于此，可以结合政府控制的制度背景对于企业创新投资的调节作用，合理调整资本市场的投资者信心在上市公司创新投入与价值创造中的介入作用。政府除了制定各种积极的财政税收政策以激励企业技术创新之外，还应充分了解投资者的心理因素对于公司创新与价值创造所存在的积极影响，保持与提振投资者信心，增强资本市场对于企业创新的影响力，特别是需提升国有上市公司的创新效率与价值创造能力，借助虚拟经济的助推力，驱动"制造经济"向"创新经济"的转型调整。

7.2 研究局限与未来研究方向

本书基于行为金融学视角，针对企业投资活动中的一类异质性投资行为——创新投资，系统性考察投资者情绪对其的影响。鉴于目前相关的研究较为匮乏，本书更多的是一种探索性的研究，不免存在局限与不足之处，有待今后进一步的深入研究。归纳起来，本书的主要局限之处与未来仍需研究的一些重要性问题如下：

首先，关于投资者情绪的度量，在借鉴了贝克和沃格勒（Baker & Wurgler，2006）的公司层面投资者情绪指数 BW 构建思路的基础上，参考雷光勇等（2012）、靳光辉（2015、2016）等研究的做法，结合公司特质与市场因素，将投资者情绪对于股票价格的总体影响中剔除公司基本面因素后的残差，视为投资者情绪对于股票的误定价部分，构建本书研究的个股的投资者情绪综合指标 SENT。并在后续的稳健性检验部分，借鉴了波尔克和斯帕恩扎（Polk & Sapienza，2009）、吴世农和汪强（2009）、花贵如（2010）等的研究设计，采用动量指标度量投资者情绪。但，由于投资者情绪主要反映的是经济主体的主观心理认知偏差，而心理特征很难精确刻画。虽然目前关于投资者情绪的存在性已经得到理论界的普遍认可，但有关投资者情绪的准确度量，尚无统一、权威性的量化指标。正如贝克等人（Baker et al，2004）所言，"虽然已有不少学者对于投资者情绪的操控性计量指标进行了一些有益的探索，但是至今仍然无法完美的度量，还是一个难题"。因此，今后在系统性梳理国内外相关文献的基础上，如何从微观的公司层面与宏观的市场层面对于投资者情绪指标及其对股票的错误定价进行更为精细的刻画，势必会影响到投资者情绪理论相关研究的深度与广度，是未来仍需要深入研究与探索的重要问题。

其次，现有的投资者情绪影响公司投资的主流文献中，大多未区分投资者的类型而将其视为同质的市场情绪，或仅针对单一投资者情绪类型进行分析。随着资本市场的不断发展，机构投资者在股票市场上的地位日益突出。其与个人投资者在信息来源、投资策略、专业能力等方面存在显著差异，这决定了不同投资主体情绪对股票市场的影响或作用不完全相同，对于企业投资决策的影响也应存在差异性。而针对创新投资这一类特殊的投资活动，企业管理者在调整其创新投资决策制定时是否会有效区分个人投资者情绪与机构投资者情绪？对于二者的敏感性水平是否存在差异性？进而对于企业创新投资的影响是否存在差异性？目前对上述问题的研究相对空白，缺少经验证据支持。这也是未来需要进一步研究的问题。

最后，本书在投资者情绪影响公司创新投资的经济后果的研究中，主要探讨了投资者情绪、创新投资与企业价值三者之间的关系。并且通过嵌入制度设计因素，考察了政府控制的制度背景在投资者情绪、创新投资与企业价值之间关系的调节效应。但，缘于样本与数据限制，本书没能考察投资者情绪在影响公司创新投资的过程中，是否会因为管理者的理性迎合或者过度自信，导致企业的过度研发进而造成公司研发资源的无效率配置？抑或投资者情绪在驱动公司价值创造的过程中，是否通过促进公司的创新投入，真正提升了公司的技术创新能力？伴随着中国资本市场的日趋成熟与完善，中国创新型国家之路的高歌猛进，这些问题亟待未来进一步深入地研究下去。

在当前中国经济转型过程中，实体企业金融化已是大势所趋，金融市场对于实体经济的影响愈加重要。本书从创新投资视角深度探寻了虚拟经济对于实体经济的"助推"作用，但其或存在的负面作用值得进一步研究，金融市场效率对于公司财务的影响仍将是未来颇具生命力与诱惑力的研究领域！……

参 考 文 献

［1］ Baker M, Wurgler J. A Catering Theory of Dividends ［J］. The Journal of Finance, 2004, 59 (3): 1125 – 1165.

［2］ Polk C, Sapienza P. The Stock Market and Corporate Investment: A Test of Catering Theory ［J］. Review of Financial Studies, 2009, 22 (1): 187 – 217.

［3］ 余明桂, 夏新平, 邹振松. 管理者过度自信与企业激进负债行为 ［J］. 管理世界, 2006 (8): 104 – 112.

［4］ Richard R. The Hubris Hypothesis of Corporate Takeovers ［J］. Journal of Business, 1986 (59): 197 – 216.

［5］ Cooper A C, Woo C Y, Dunkelberg W C. Entrepreneurs' perceived chances for success ［J］. Journal of Business Venturing, 1988, 3 (2): 97 – 108.

［6］ Nofsinger J R. Social Mood and Financial Economics ［J］. Journal of Behavioral Finance, 2005, 6 (3): 144 – 160.

［7］ 花贵如. 投资者情绪对企业投资行为的影响研究 ［D］. 南开大学, 2010.

［8］ 王海明. 投资者和管理者非理性对企业投资行为的影响研究 ［D］. 湖南大学, 2013.

［9］ 余丽霞, 王璐. 投资者情绪、管理者过度自信与企业投资行为——

基于中介效应检验 [J]. 社会科学研究, 2015 (5): 137 - 144.

[10] Jones C I, Williams J C. Measuring the Social Return to R&D [J]. Quarterly Journal of Economics, 1997, 113 (4): 1119.

[11] Johnson T C. Optimal learning and new technology bubbles [J]. Journal of Monetary Economics, 2007, 54 (8): 2486 - 2511.

[12] Aramonte S. Innovation, investor sentiment, and firm-level experimentation [J]. Finance and Economics Discussion Series, 2015, 2015 (67): 1 - 46.

[13] Griliches Z. The search for R&D spillovers [J]. Scandinavian Journal of Economics, 1992, 94 (Supplement): 29 - 47.

[14] 唐玮, 崔也光, 齐英. 长期融资性负债、银企关系与 R&D 投资——来自制造业上市公司的经验证据 [J]. 数理统计与管理, 2017 (1): 29 - 37.

[15] 姚颐, 刘志远. 震荡市场、机构投资者与市场稳定 [J]. 管理世界, 2008 (8): 22 - 32.

[16] Shefrin H. Behavioral Corporate Finance: Decisions That Create Value [M]. McGraw - Hill/Irwin, 2007.

[17] Black F. Noise [J]. The Journal of Finance, 1986, 41 (3): 529 - 543.

[18] Shiller R J, Fischer S, Friedman B M. Stock Prices and Social Dynamics [J]. Brookings Papers on Economic Activity, 1984, 1984 (2): 457 - 510.

[19] Shleifer A, Summers L H. The Noise Trader Approach to Finance [J]. Journal of Economic Perspectives, 1990, 4 (2): 19 - 33.

[20] 张丹, 廖士光. 中国证券市场投资者情绪研究 [J]. 证券市场导报. 2009, 2009 (10): 61 - 68.

[21] Long J B D, Shleifer A, Summers L H, et al. Noise Trader Risk in Financial Markets [J]. Journal of Political Economy, 1990, 98 (Volume 98, Number 4): 703 - 738.

[22] Shleifer A, Vishny R W. Politicians and Firms [J]. Quarterly Journal

of Economics, 1994, 109 (4): 995 – 1025.

［23］Stein J C. Rational Capital Budgeting in an Irrational World ［J］. Social Science Electronic Publishing, 1996, 69 (4): 429 – 455.

［24］Mehra R, Sah R. Mood fluctuations, projection bias, and volatility of equity prices ［J］. Journal of Economic Dynamics & Control, 2002, 26 (5): 869 – 887.

［25］Brown G W, Cliff M T. Investor Sentiment and Asset Valuation ［J］. Journal of Business, 2004, 78 (2): 405 – 440.

［26］Malcolm B, Jeffrey W. Investor Sentiment and the Cross – Section of Stock Returns ［J］. Journal of Finance, 2006, 61 (4): 1645 – 1680.

［27］王美今, 孙建军. 中国股市收益、收益波动与投资者情绪 ［J］. 经济研究, 2004 (10): 75 – 83.

［28］丁志国, 苏治. 投资者情绪、内在价值估计与证券价格波动——市场情绪指数假说 ［J］. 管理世界, 2005 (2): 143 – 145.

［29］刘端, 陈收. 股票价格对中国上市公司投资行为的影响——基于不同股权依赖型公司的实证 ［J］. 管理评论, 2006, 18 (1): 31 – 36.

［30］薛斐. 基于情绪的投资者行为研究 ［D］. 复旦大学, 2005.

［31］花贵如, 刘志远, 许骞. 投资者情绪、管理者乐观主义与企业投资行为 ［J］. 金融研究, 2011 (9): 178 – 191.

［32］花贵如, 刘志远, 许骞. 投资者情绪、企业投资行为与资源配置效率 ［J］. 会计研究, 2010 (11): 49 – 55.

［33］刘志远, 花贵如. 投资者情绪与企业投资行为研究述评及展望 ［J］. 外国经济与管理, 2009, 31 (6): 45 – 51.

［34］黄宏斌, 翟淑萍, 陈静楠. 企业生命周期、融资方式与融资约束——基于投资者情绪调节效应的研究 ［J］. 金融研究, 2016 (7): 96 – 112.

［35］易志高, 茅宁, 耿修林. 中国股票市场投资者情绪指数开发研究 ［C］. 2008.

［36］ Thaler R. Does the Stock Market Overreact? ［J］. The Journal of Finance, 1985, 40 (3): 793 –805.

［37］ Wolosin R J, Sherman S J, Till A. Effects of cooperation and competition on responsibility attribution after success and failure ［J］. Journal of Experimental Social Psychology, 1973, 9 (3): 220 –235.

［38］ Langer E J. The illusion of control. ［J］. Journal of Personality & Social Psychology, 1975, 32 (2) (2): 311 –328.

［39］ Landier A, Thesmar D. Financial Contracting with Optimistic Entrepreneurs: Theory and Evidence ［J］. Review of Financial Studies, 2009, 22 (1): 117 –150.

［40］ Bernardo A E, Ivo W. On the Evolution of Overconfidence and Entrepreneurs ［J］. Journal of Economics & Management Strategy, 2000, 10 (3): 301 –330.

［41］ Heaton J B. Managerial Optimism and Corporate Finance ［J］. Financial Management, 2002, 31 (2): 33 –45.

［42］ Gervais S, Goldstein I. Overconfidence and Team Coordination ［J］. Ssrn Electronic Journal, 2003.

［43］ Malmendier U, Tate G. CEO Overconfidence and Corporate Investment ［J］. Journal of Finance, 2005, 60 (6): 2661 –2700.

［44］ Hackbarth D. Managerial Traits and Capital Structure Decisions ［J］. Journal of Financial & Quantitative Analysis, 2008, 43 (4): 843 –881.

［45］ 叶蓓, 袁建国. 管理者信心、企业投资与企业价值: 基于我国上市公司的经验证据 ［J］. 中国软科学, 2008 (2): 97 –108.

［46］ 陈其安, 陈亮. 过度自信条件下的上市公司经理股票期权补偿 ［J］. 系统工程理论与实践, 2008 (5): 11 –19.

［47］ 姜付秀, 张敏, 陆正飞, 等. 管理者过度自信、企业扩张与财务困境 ［J］. 经济研究, 2009 (1): 131 –143.

［48］ Kamien M I, Schwartz N L. Self - Financing of an R&D Project ［J］. American Economic Review, 1976, 68（3）: 252 - 261.

［49］ 李剑力. 探索性创新、开发性创新与企业绩效关系研究 ［M］. 经济管理出版社, 2010.

［50］ Jansen J J P, Van D B F A, Volberda H W. Exploratory Innovation, Exploitative Innovation, and Performance: Effects of Organizational Antecedents and Environmental Moderators ［J］. Management Science, 2006, 52（11）: 1661 - 1674.

［51］ 翟淑萍, 毕晓方. 市场压力、财政补贴与上市高新技术企业双元创新投资 ［J］. 科学决策, 2016（6）: 16 - 33.

［52］ 贺亚楠. 管理者短视与创新投资行为研究 ［D］. 山西大学, 2015.

［53］ 陶厚永, 章娟, 李玲. 中小民企创新投资驱动力: 政府补贴还是信贷融资——来自深市中小板企业的经验证据 ［J］. 科技进步与对策, 2015（22）: 83 - 88.

［54］ 苑泽明, 郭景先. 政府资助对创新投入的影响研究——基于创业板公司非效率创新投资的视角 ［J］. 证券市场导报, 2015（11）: 31 - 36.

［55］ 卢锐. 企业创新投资与高管薪酬业绩敏感性 ［J］. 会计研究, 2014（10）: 36 - 42.

［56］ 王永明, 宋艳伟. 独立董事对上市公司技术创新投资的影响研究 ［J］. 科学管理研究, 2010（5）: 94 - 97.

［57］ 汪晓春. 企业创新投资决策的资本结构条件 ［J］. 中国工业经济, 2002（10）: 89 - 95.

［58］ 温忠麟, 张雷, 侯杰泰, 等. 中介效应检验程序及其应用 ［J］. 心理学报, 2004, 36（5）: 614 - 620.

［59］ 温忠麟, 张雷, 侯杰泰. 有中介的调节变量和有调节的中介变量 ［J］. 心理学报, 2006, 38（3）: 448 - 452.

［60］ Ritter J R. Recent Developments in Corporate Finance ［M］. Edward Elgar Publishing, 2005: 593 – 603.

[61] 熊彼特. 经济发展理论 [M]. 中国画报出版社, 2012.

[62] 代明, 殷仪金, 戴谢尔. 创新理论: 1912 – 2012——纪念熊彼特《经济发展理论》首版100周年 [J]. 经济学动态, 2012 (4): 143 – 150.

[63] 张峥, 徐信忠. 行为金融学研究综述 [J]. 管理世界, 2006 (9): 155 – 167.

[64] Shleifer A, Thaler R H. Investor Sentiment and the Closed – End Fund Puzzle [J]. The Journal of Finance, 1991, 46 (1): 75 – 109.

[65] 田业钧. 中国封闭式基金折价问题研究——基于封闭式基金仓位的实证分析 [J]. 经济研究导刊, 2009 (8): 154 – 157.

[66] 伍燕然, 韩立岩. 投资者情绪理论对金融 "异象" 的解释 [J]. 山西财经大学学报, 2009 (2): 95 – 100.

[67] 金江, 麦均洪, 郑西挺. 政治关联、社会资本与企业研发投入——基于信息不对称的视角 [J]. 学术研究, 2016 (2): 95 – 102.

[68] Jr J B L. The market valuation of cash dividends: A case to consider [J]. Journal of Financial Economics, 1978, 6 (s 2 – 3): 235 – 264.

[69] 肖虹, 曲晓辉. R&D 投资迎合行为: 理性迎合渠道与股权融资渠道?——基于中国上市公司的经验证据 [J]. 会计研究, 2012 (2): 42 – 49.

[70] 古斯塔夫·勒庞, 勒庞, 陈昊. 乌合之众: 大众心理研究 [J]. 2011.

[71] Hatfreld E, Cacioppo J T, Rapson R L. Emotional Contagion [J]. Current Directions in Psychological Science, 1993, 2 (3): 96 – 99.

[72] 王潇, 李文忠, 杜建刚. 情绪感染理论研究述评 [J]. 心理科学进展, 2010 (8): 1236 – 1245.

[73] 易志高, 茅宁. 中国股市投资者情绪测量研究: CICSI 的构建 [J]. 金融研究, 2009 (11): 174 – 184.

[74] Fisherkenneth L, Statmanmeir. Investor Sentiment and Stock Returns

［J］. Financial Analysts Journal，1999，2（2）：11 – 13.

［75］Qiu L X. Investor Sentiment Measures ［J］. Nber Working Papers，2004，117（35）：367 – 377.

［76］Brown G W，Cliff M T. Investor Sentiment and Asset Valuation ［J］. Journal of Business，2002，78（2）：405 – 440.

［77］于全辉. 投资者情绪与证券市场价格互动关系研究 ［D］. 重庆大学，2009.

［78］杨春鹏，淳于松涛，杨德平，等. 投资者情绪指数研究综述 ［J］. 青岛大学学报（自然科学版），2007（1）：86 – 92.

［79］Cornelli F，Ljungqvist A. Investor Sentiment and Pre – IPO Markets ［J］. The Journal of Finance，2006，61（3）：1187 – 1216.

［80］Jegadeesh N，Titman S. Returns to Buying Winners and Selling Losers：Implications for Stock Market Efficiency ［J］. The Journal of Finance，1993，48（1）：65 – 91.

［81］韩立岩，伍燕然. 投资者情绪与IPOs之谜——抑价或者溢价 ［J］. 管理世界，2007（3）：51 – 61.

［82］孔令飞，刘轶. 个人、机构投资者情绪与证券分析师的乐观偏差——来自中国A股市场的证据 ［J］. 南方经济，2016（6）：66 – 81.

［83］刘志远，靳光辉. 投资者情绪与公司投资效率——基于股东持股比例及两权分离调节作用的实证研究 ［J］. 管理评论，2013（5）：82 – 91.

［84］Goyal V K，Yamada T. Asset Price Shocks，Financial Constraints，and Investment：Evidence from Japan ［J］. Journal of Business，2001，77（1）：175 – 199.

［85］张戈，王美今. 投资者情绪与中国上市公司实际投资 ［J］. 南方经济，2007（3）：3 – 14.

［86］曲晓辉，黄霖华. 投资者情绪、资产证券化与公允价值信息含量——来自A股市场PE公司IPO核准公告的经验证据 ［J］. 会计研究，2013

（9）：14 - 21.

[87] Keynes J M, Hicks J R. The General Theory of Employment, Interest and Money [J]. El Trimestre Económico, 1936, 3（12）: 514 - 534.

[88] Gilchrist S, Himmelberg C P, Huberman G. Do stock price bubbles influence corporate investment? [J]. Ssrn Electronic Journal, 2005, 52（4）: 805 - 827.

[89] Chang X, Tam L, Tan T J, et al. The real impact of stock market mispricing—Evidence from Australia [J]. Social Science Electronic Publishing, 2007, 15（4）: 388 - 408.

[90] 刘端, 陈收. 中国市场管理者短视、投资者情绪与公司投资行为扭曲研究 [J]. 中国管理科学, 2006（2）: 16 - 23.

[91] Dong M, Hirshleifer D A, Teoh S H. Stock Market Misvaluation and Corporate Investment [J]. Ssrn Electronic Journal, 2007, 25（12）: 3645 - 3683.

[92] Wang Y, Wu L, Yang Y. Does the stock market affect firm investment in China? A price informativeness perspective [J]. Journal of Banking & Finance, 2009, 33（1）: 53 - 62.

[93] Grundy B D, Li H. Investor Sentiment, Executive Compensation and Corporate Investment [J]. Journal of Banking & Finance, 2010, 34（10）: 2439 - 2449.

[94] Baxamusa M. How Well Do Market Timing, Catering and Classical Theories Explain Corporate Decisions? [J]. Journal of Financial Research, 2011, 34（2）: 217 - 239.

[95] 黄伟彬. 非理性股价与企业投资行为：来自中国上市公司的经验证据 [J]. 经济管理, 2008（16）: 16 - 25.

[96] 吴世农, 汪强. 迎合投资者情绪？过度保守？还是两者并存——关于公司投资行为的实证研究 [J]. 公司治理评论, 2009, 01（1）: 185 -

204.

[97] 潘敏，朱迪星．投资者非理性假设下公司金融决策前沿理论评述 [J]．金融评论，2011（3）：114-122．

[98] 刘志远，靳光辉，黄宏斌．投资者情绪与控股股东迎合——基于公司投资决策的实证研究 [J]．系统工程，2012（10）：1-9．

[99] 朱朝晖，黄文胜．上市公司无形资产投资：迎合了投资者情绪吗？ [C]．2013．

[100] 张庆，朱迪星．投资者情绪、管理层持股与企业实际投资——来自中国上市公司的经验证据 [J]．南开管理评论，2014（4）：120-127．

[101] 蒋玉梅．投资者情绪、股票错误估值与上市公司投资 [J]．经济与管理，2014（1）：44-50．

[102] 靳光辉．投资者情绪、高管权益激励与公司投资——基于迎合渠道的实证检验 [J]．中央财经大学学报，2015（6）：65-74．

[103] 黄莲琴，杨露露．投资者情绪、管理者过度自信与资本投资 [J]．东南学术，2011（5）：157-167．

[104] 王海明，曾德明．投资者情绪对企业投资行为的影响 [J]．统计与决策，2012（24）：118-122．

[105] 花贵如，刘志远，郑凯．机构投资者是股票市场影响实体经济的助推器吗？——基于投资者情绪对公司资本投资的视角 [J]．经济与管理研究，2015（2）：51-58．

[106] Kaniel R，Saar G，Titman S. Individual Investor Trading and Stock Returns [J]. Journal of Finance，2008，63（1）：273-310．

[107] 蒋玉梅，王明照．投资者情绪与股票收益：总体效应与横截面效应的实证研究 [J]．南开管理评论，2010，13（3）：150-160．

[108] 张婷，于瑾，吕东锴．新兴市场投资者情绪与价值溢价异象——基于中国内地、香港和台湾地区的比较分析 [J]．国际金融研究，2013（1）：87-95．

［109］崔晓蕾，何婧，徐龙炳．投资者情绪对企业资源配置效率的影响——基于过度投资的视角［J］．上海财经大学学报，2014（3）：86－94．

［110］杨中环．研发投入对企业价值影响的相关性研究——基于我国上市公司实施新会计准则后的实证检验［J］．科技管理研究，2013（10）：42－45．

［111］罗琦，张标．股权特性、投资者情绪与企业非效率投资［J］．财贸研究，2013（4）：148－156．

［112］张丞，卢米雪，桑璇．投资者情绪、银行管理者乐观与风险承担［J］．山西财经大学学报，2014（4）：48－57．

［113］杜勇，刘建徽，杜军．董事会规模、投资者信心与农业上市公司价值［J］．宏观经济研究，2014（2）：53－62．

［114］杜军，陈建英，杜勇．亏损逆转质量、投资者信心与公司价值［J］．宏观经济研究，2015（12）：97－105．

［115］李江雁，何文龙，王铁民．企业创新能力对企业价值的影响——基于中国移动互联网上市公司的实证研究［J］．经济与管理研究，2016（4）：109－118．

［116］Hayward M L A，Hambrick D C. Explaining the premiums paid for large acquisitions：Evidence of CEO hubris. ［J］. Administrative Science Quarterly，1997，42（1）：103－127．

［117］张敏，于富生，张胜．基于管理者过度自信的企业投资异化研究综述［J］．财贸研究，2009（5）：134－140．

［118］侯巧铭，宋力，蒋亚朋．管理者过度自信度量方法的比较与创新［J］．财经问题研究，2015（7）：58－65．

［119］Ting I W K，Lean H H，Kweh Q L，et al. Managerial overconfidence，government intervention and corporate financing decision ［J］. International Journal of Managerial Finance，2016（1）：4－24．

［120］Simon M，Houghton S M. The Relationship between Overconfidence and the Introduction of Risky Products：Evidence from a Field Study ［J］. Academy of Management Journal, 2003, 46 (2): 139 – 149.

[121] Galasso A, Simcoe T S. CEO Overconfidence and Innovation [J]. Management Science, 2010, 57 (8): 1469 – 1484.

[122] A H D, H T S, A L. Are Overconfident CEOs Better Innovators [J]. The Journal of Finance, 2012, 4 (67): 1457 – 1498.

[123] Chen S, Ho K, Ho P. CEO Overconfidence and Long – Term Performance Following R&D Increases [J]. Financial Management, 2014.

[124] 闫永海, 孔玉生. 总经理过度自信与企业研发支出——基于中小板上市公司数据的经验分析 [C]. 2012.

[125] 王山慧, 王宗军, 田原. 管理者过度自信与企业技术创新投入关系研究 [J]. 科研管理, 2013 (5): 1 – 9.

[126] 马璐, 彭陈. 过度自信调节下董事会人力资本与企业 R&D 投入关系研究 [J]. 科技进步与对策, 2016, 33 (7): 144 – 149.

[127] 翟淑萍, 毕晓方. 环境不确定性、管理层自信与企业双元创新投资 [J]. 中南财经政法大学学报, 2016 (5): 91 – 100.

[128] 李诗田, 邱伟年. 管理者过度自信与企业创新投入——基于中国民营上市公司的实证研究 [J]. 产经评论, 2016 (4): 146 – 160.

[129] 赵静. 投资者情绪对企业研发投资行为影响及作用机理研究 [D]. 河南财经政法大学, 2014.

[130] Baker M, Stein J C, Wurgler J. When Does the Market Matter? Stock Prices and the Investment of Equity – Dependent Firms [J]. Quarterly Journal of Economics, 2002, 118 (118): 969 – 1005.

[131] Mayer C, Sussman O. A New Test of Capital Structure [J]. Social Science Electronic Publishing, 2004.

[132] Jerzmanowski M, Nabar M. The welfare consequences of irrational exuberance: Stock market booms, research investment, and productivity [J]. Journal of Macroeconomics, 2008, 30 (1): 111 – 133.

[133] 黄宏斌，刘志远．投资者情绪与企业信贷资源获取 [J]．投资研究，2013（2）：13 – 29.

[134] 黄世政．研发投入、专利与经营绩效实证研究：以台湾为例 [J]．科技进步与对策，2015（2）：53 – 58.

[135] 徐欣，唐清泉．R&D 投资、知识存量与专利产出——基于专利产出类型和企业最终控制人视角的分析 [J]．经济管理，2012（7）：49 – 59.

[136] 徐欣，唐清泉．R&D 活动、创新专利对企业价值的影响——来自中国上市公司的研究 [J]．研究与发展管理，2010，22（4）：20 – 29.

[137] 王庆元，张杰军，张赤东．我国创新型企业研发经费与发明专利申请量关系研究 [J]．科学学与科学技术管理，2010（11）：5 – 12.

[138] 刘林青，谭力文．为研发而申请专利还是为专利申请而研发 [J]．中国工业经济，2006（7）：86 – 93.

[139] 靳光辉，刘志远，黄宏斌．投资者情绪与公司投资效率——基于薪酬激励与债务融资治理效应的实证研究 [J]．当代财经，2015（3）：119 – 129.

[140] 顾群，翟淑萍．融资约束、研发投资与资金来源——基于研发投资异质性的视角 [J]．科学学与科学技术管理，2014（3）：15 – 22.

[141] 肖海莲，唐清泉，周美华．负债对企业创新投资模式的影响——基于 R&D 异质性的实证研究 [J]．科研管理，2014（10）：77 – 85.

[142] 黄宏斌，刘志远．投资者情绪、信贷融资与企业投资规模 [J]．证券市场导报，2014（7）：28 – 34.

[143] 鞠晓生．中国上市企业创新投资的融资来源与平滑机制 [J]．世界经济，2013（4）：138 – 159.

[144] 王昱，成力为．缓解融资约束路径选择对创新投入的影响 [J]．科学学与科学技术管理，2013（10）：142 – 151.

[145] 吴延兵．R&D 与生产率——基于中国制造业的实证研究 [J]．经济研究，2006（11）：60 – 71.

［146］李春涛，宋敏．中国制造业企业的创新活动：所有制和 CEO 激励的作用［J］．经济研究，2010（5）：135－137．

［147］冯根福，温军．中国上市公司治理与企业技术创新关系的实证分析［J］．中国工业经济，2008（7）：91－101．

［148］张文海，王飞，李四海．金字塔控股、产权异质与企业研发投入［J］．科技管理研究，2015（11）：99－105．

［149］付永萍，芮明杰，马永．研发投入、对外直接投资与企业创新——基于战略性新兴产业上市公司的研究［J］．经济问题探索，2016（6）：28－33．

［150］姚洋，章奇．中国工业企业技术效率分析［J］．经济研究，2001（10）：13－19．

［151］周立群，邓路．企业所有权性质与研发效率——基于随机前沿函数的高技术产业实证研究［J］．当代经济科学，2009，31（4）：70－75．

［152］肖文，林高榜．政府支持、研发管理与技术创新效率——基于中国工业行业的实证分析［J］．管理世界，2014（4）：71－80．

［153］花贵如，郑凯，刘志远．政府控制、投资者情绪与公司资本投资［J］．管理评论，2014，26（3）．

［154］张敏，王成方，姜付秀．我国的机构投资者具有治理效应吗？——基于贷款软约束视角的实证分析［J］．经济管理，2011（4）：16－23．

［155］卢馨，郑阳飞，李建明．融资约束对企业 R&D 投资的影响研究［J］．会计研究，2013（5）：51－58．

［156］何平，吴添，姜磊，等．投资者情绪与个股波动关系的微观检验［J］．清华大学学报（自然科学版），2014（5）：655－663．

［157］张建宇，蔡双立．探索性创新与开发性创新的协调路径及其对绩效的影响［J］．科学学与科学技术管理，2012，33（5）：64－70．

［158］张峰，邱玮．探索式和开发式市场创新的作用机理及其平衡［J］．管理科学，2013，26（1）：1－13．

[159] 赵兴楣，王华. 政府控制、制度背景与资本结构动态调整 [J]. 会计研究，2011 (3)：34 – 40.

[160] 林毅夫，李志赟. 政策性负担、道德风险与预算软约束 [J]. 经济研究，2004 (2)：17 – 27.

[161] 田利辉. 国有股权对上市公司绩效影响的 U 型曲线和政府股东两手论 [J]. 经济研究，2005 (10)：48 – 58.

[162] 田利辉. 杠杆治理、预算软约束和中国上市公司绩效 [J]. 经济学：季刊，2004 (S1)：15 – 26.

[163] 张敏，张胜，王成方，等. 政治关联与信贷资源配置效率——来自我国民营上市公司的经验证据 [J]. 管理世界，2010 (11)：143 – 153.

[164] 盛明泉，张敏，马黎珺，等. 国有产权、预算软约束与资本结构动态调整 [J]. 管理世界，2012 (3)：151 – 157.

[165] 张敏，王成方，姜付秀. 我国的机构投资者具有治理效应吗？——基于贷款软约束视角的实证分析 [J]. 经济管理，2011 (4)：16 – 23.

[166] 李维安，李滨. 机构投资者介入公司治理效果的实证研究——基于 CCGI^{NK} 的经验研究 [J]. 南开管理评论，2008，11 (1)：4 – 14.

[167] 范海峰，胡玉明. 机构投资者持股与公司研发支出——基于中国证券市场的理论与实证研究 [J]. 南方经济，2012 (9)：60 – 69.

[168] 齐结斌，安同良. 机构投资者持股与企业研发投入——基于非线性与异质性的考量 [J]. 中国经济问题，2014 (3)：27 – 39.

[169] 赵洪江，夏晖. 机构投资者持股与上市公司创新行为关系实证研究 [J]. 中国软科学，2009 (5)：33 – 39.

[170] Barney J. Firm Resources and Sustained Competitive Advantage [J]. Journal of Management：Official Journal of the Southern Management Association，1991，17 (1)：99 – 120.

[171] 翟胜宝，王菌，陆正飞. 金融生态环境和企业创新能力——基于中国制造业的经验数据 [J]. 经济与管理研究，2015 (7)：53 – 59.

[172] 雷光勇, 王文, 金鑫. 公司治理质量、投资者信心与股票收益 [J]. 会计研究, 2012 (2): 79 - 86.

[173] 赵懿清, 张悦, 胡伟洁. 政府控制、经济周期与企业投资趋同行为 [J]. 经济与管理研究, 2016 (11): 11 - 21.

[174] 吴晓波, 张超群, 窦伟. 我国转型经济中技术创新与经济周期关系研究 [J]. 科研管理, 2011 (1): 1 - 9.

[175] 贾明琪, 严燕, 辛江龙. 经济周期、行业周期性与企业技术创新——基于上市公司经验数据 [J]. 商业研究, 2015 (9): 34 - 40.

[176] 文武, 程惠芳, 汤临佳. 经济周期对我国研发强度的非对称影响 [J]. 科学学研究, 2015 (9): 1357 - 1364.

[177] Kaplan S N, Zingales L. Do Investment - Cash Flow Sensitivities Provide Useful Measures of Financing Constraints? [J]. Social Science Electronic Publishing, 1997, 112 (1): 169 - 215.

[178] Arellano M, Bond S. Some Tests of Specification for Panel Data: Monte Carlo Evidence and an Application to Employment Equations.: Monte Carlo Evidence and an Application to Employment Equations. [J]. Review of Economic Studies, 1991, 58 (2): 277 - 297.

[179] 柯江林, 孙健敏, 石金涛, 等. 企业 R&D 团队之社会资本与团队效能关系的实证研究——以知识分享与知识整合为中介变量 [J]. 管理世界, 2007 (3): 89 - 101.

[180] 朱焱, 张孟昌. 企业管理团队人力资本、研发投入与企业绩效的实证研究 [J]. 会计研究, 2013 (11): 45 - 52.

[181] 邓曦东, 张满. 高新技术企业 R&D 投入与企业价值——基于投资者信心的中介效应分析 [J]. 会计之友, 2016 (8): 47 - 50.

[182] 郝颖, 刘星, 林朝南. 我国上市公司高管人员过度自信与投资决策的实证研究 [J]. 中国管理科学, 2005 (5): 144 - 150.

[183] 崔也光, 唐玮. 生命周期对 R&D 投入的影响——基于创新驱动

视角 [J]. 中央财经大学学报, 2015 (9): 46-54.

[184] 温忠麟, 叶宝娟. 有调节的中介模型检验方法: 竞争还是替补? [J]. 心理学报, 2014 (5): 714-726.

[185] 温忠麟. 调节效应和中介效应分析 [M]. 教育科学出版社, 2012.

[186] 叶宝娟, 杨强, 胡竹菁. 感恩对青少年学业成就的影响: 有调节的中介效应 [J]. 心理发展与教育, 2013 (2): 192-199.

[187] 谢德仁, 陈运森. 金融生态环境、产权性质与负债的治理效应 [J]. 经济研究, 2009 (5): 118-129.

[188] 陈海声, 卢丹. 研发投入与企业价值的相关性研究 [J]. 软科学, 2011 (2): 20-23.

[189] 唐玮, 翟胜宝. 投资者情绪、创新投入与企业价值 [J]. 郑州航空工业管理学院学报, 2017 (2): 60-68.

后　记

本书是在我的博士论文基础上完善而成的。

三年前，恩师崔也光先生不嫌我资质笨愚，宽容地纳我入师门，引领我步入学术研究的殿堂。恩师对无形资产研究、企业研发与创新等领域的深邃见地令人启迪至深，对会计实务及财务政策等的精准把握让我折服不已。恩师学识渊博、治学严谨、对学生的成长关怀备至。虽自身行政事务万分繁忙，但恩师仍坚持每周挤出时间指导我的论文写作，从内容求实到思想创新、从专业视角到百家融汇。恩师的谆谆教导，令我受益匪浅。恩师为人乐观豁达、坦荡无私，我从恩师那里汲取到的不仅是丰富的知识、"天道酬勤"的处事态度，更是做人的高贵品质与修为！三年的博士求学生涯，凝结着恩师太多的辛苦付出。没有恩师殷切的关爱与帮助，我的求学之路绝不可能如此顺利！师恩难忘，我将永远铭刻在心！

在首都经济贸易大学求学期间，我有幸聆听了会计学院的付磊老师、杨世忠老师、马元驹老师、栾甫贵老师、汪平老师、蔡立新老师、袁光华老师等的精彩授课和讲座，开阔了学术视野与研究思路；感谢上述老师以及王海林老师、于鹏老师、卿小权老师、申慧慧老师在写作过程中提出的诸多改善建议，令我受益良多；感谢李百兴老师、谭静老师曾给予的关心与帮助。

感谢中国人民大学商学院的支晓强老师、叶康涛老师、张敏老师对学术文献和研究方法的精彩讲解，这对我的学术启蒙以及论文写作产生了很大的作用；感谢中央财经大学会计学院的孟焰老师给予我访学机会以及在访学期间的指导与帮助。在此期间我有幸聆听了中央财经大学廖冠民老师与吴溪老师的会计研究方法与STATA应用课程，这为我日后的实证研究打下了夯实的基础；感谢台湾政治大学商学院的戚务君老师给予我在政大研修期间的悉心指导。

感谢安徽财经大学的校领导及会计学院的领导们在工作安排上给予的照顾，尤其是要感谢盛明泉老师、卢太平老师、翟胜宝老师给予我的关心、支持与帮助；感谢我的硕士生导师，安徽财经大学的王建刚老师曾给予我的学业指导与悉心培养。没有这些好老师的一路指引，我的人生很可能是另一番景象。感谢安徽财经大学会计系的同事们对我的理解与包容，让我在求学之路上免去了很多后顾之忧。

感谢师门所有的兄弟姐妹们，尤其是小师兄张悦博士在数据收集与写作中给予我的诸多支持与鼓励，同门之情弥足珍贵，同门之谊永远年轻。感谢魏刚博士生在研究方法等方面的无私帮助；并感谢田丽媛博士生、杨琳博士生、段远刚博士生、邱浩博士，我们六人有缘一起经历了博士阶段的学习，怀念博一时一同迎着朝霞晨露挤40分钟地铁去人大上课的情景；感谢田丽媛博士生、杨琳博士生在台湾政治大学参访时的陪伴；感谢沈兰博士生、罗孟旎博士生、东北财经大学的博士生田园、中国人民大学的董小红博士等朋友在我求学为文的日子里给予我的无私帮助。特别感谢在京的挚友任媛媛女士及其家人在我读书期间无微不至的照顾，令我的异乡求学之路充满家的温暖。正是有了这些小伙伴们的支持与陪伴，让我鼓足了战胜困难的勇气与不断前行的动力。

由衷感谢我的家人。感谢父母在我多年的成长中甘付一切、默默支持。感谢先生对我的支持与鼓励。特别要感谢我可爱的女儿杨舒雅，你的天真、可爱排解了我很多的烦恼与忧愁，感谢你对妈妈如此依恋与深爱。你未来的人生，妈妈不会再缺席，一定会陪伴着你，共同进步、成长。

最后，感谢所有给予过我帮助的良师益友们，感谢一切爱我与我爱的人们，能够与你们一路同行，此生有幸。

学，然后知不足。此书的完结，既是阶段性的结束，也是全新的开始。未来，我将谨记恩师的教诲，继续怀着一颗敬畏与感恩之心，不断努力、继续前行……！